# 地学でめぐる
# 信濃三十三番札所

# はじめに

日本で一般庶民が仕事目的ではなく旅行ができるようになったのは、ほんの数百年前の江戸時代になってからのことでした。当時、はやったのが寺社詣でで、救いや安らぎを神や仏に求めました。西国三十三か所に代表される観音霊場めぐりは、多くの人たちが故人の供養、病気の平癒《へいゆ》、健康増進、悟りや自分探しなど、さまざまな願いを込めて、昔から多くの人びとを引き付けています。

信濃三十三番札所と地学は、一見すると唐突に感じられるかもしれませんが、信州各地の名刹地《めいさっち》などに所在する観音霊場は、多くの長野県民が親しんできた場所です。このような場所を例にとり、大地のことを理解してもらえるように、私たち地学団体研究会のメンバーは、長野市民新聞に２０１７(平成29)年7月より２０１９年2月まで、月２回のページで「長野の大地―信濃三十三番札所地学案内―」を連載しました。本書はこの連載記事をもとに、各お寺の紹介を補充して信濃三十三番札所の一般的な案内書となるようにしたものです。

お寺と地学、どんな接点があるのでしょうか。お寺の立地と地質、断層、石造物などの石材利用、まわりの景観、隣接地の地学的特徴など、各方向から札所となっているお寺を紹介しました。お寺を通して、人びとと大地とのかかわりについて考え、大地の魅力をお伝えすることに努めました。

地学団体研究会長野支部では、長野市民新聞上に「長野の大地・見どころ100選」（2001～2003年）、「長野の大地・やさしい地学小事典」（2010～2012年）、そして「長野の大地・地学歳時記」（2015～2017年）を連載してきました。私たちの足元の大地の特性を知ることは大切です。地学を身近なものに、というのがこれまでの私たちの一貫した思いでした。本書がきっかけとなり、身の回りにある大地のつくりや成り立ちに関心をもっていただくことができれば幸いです。私たちは、今後も新聞連載とともに地学の巡検（見学）会や講演会などを開催する予定です。機会があれば、ご一緒に自然への探求の世界に足を踏み出してみませんか。

地学団体研究会長野支部 長野の大地編集委員会

# 目次

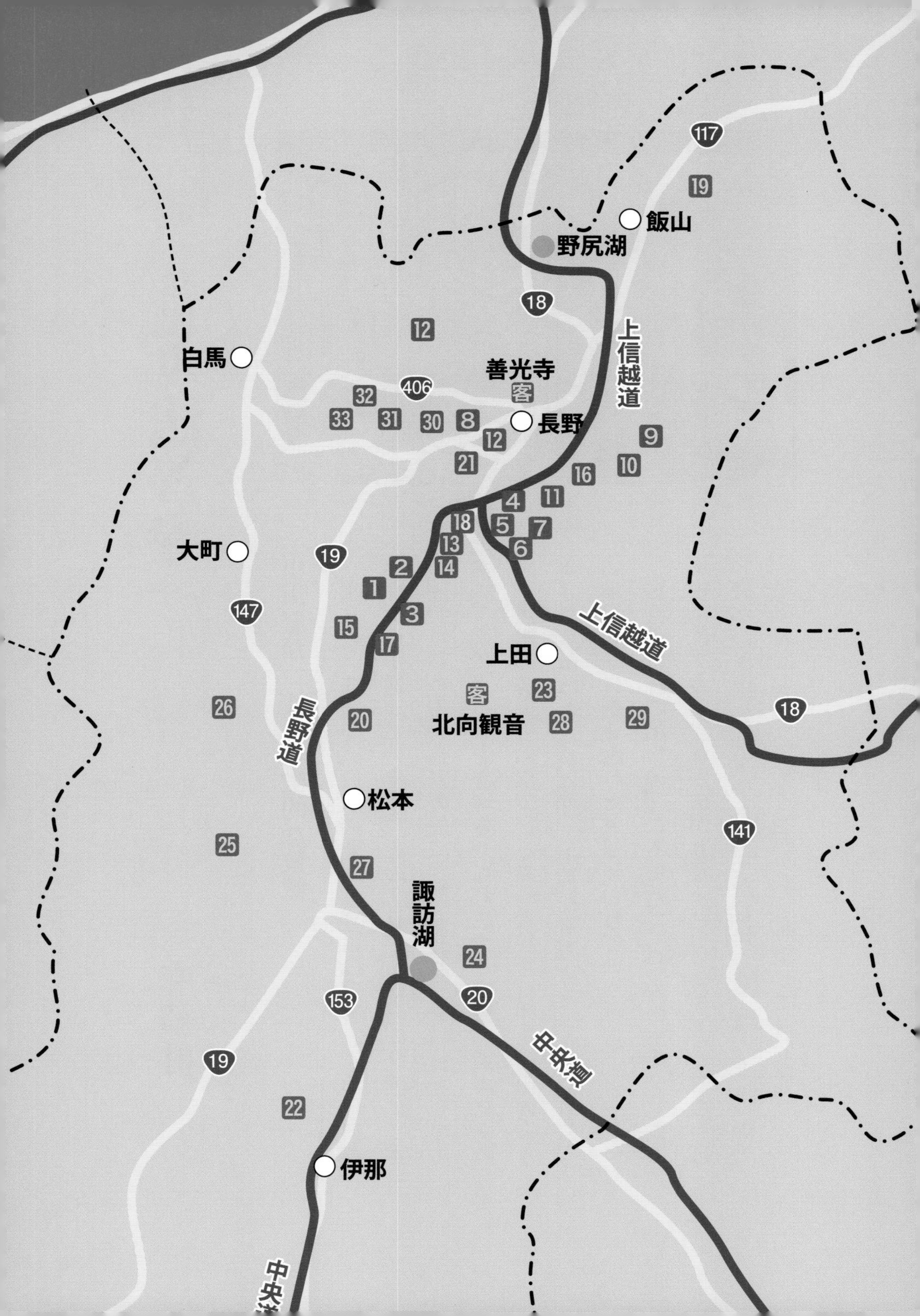

117
19
飯山
野尻湖
18
上信越道
12
白馬
善光寺
406
客
32
33
31
30
8
長野
12
9
21
10
16
4
11
18
5
7
6
13
大町
19
2
14
1
147
3
15
17
上信越道
上田
客
23
26
20
北向観音
28
29
18
長野道
松本
141
25
27
諏訪湖
24
153
20
19
中央道
22
伊那
中央道

# １番

# 仏眼山《ぶつがんざん》　法善寺《ほうぜんじ》

## 麻績村

法善寺の正面

### 小川層がつくる特徴的な景観

ＪＲ篠ノ井線聖高原駅の北４００ｍほどのところに旧善光寺街道が通っています。その７００ｍほどの区間に、本陣跡をはじめ古い造りの民家が軒を連ね、麻績宿としてのかつてのにぎわいを想像させられます。宿場の西方にある瀬戸屋本陣跡近くに出ている寺の看板を目印に、山のほうへ３００ｍほど上がると、１番札所の法善寺に着きます。10世紀初頭に創建されたと伝えられています。

法善寺は谷の出口のところに建てられています。北側の尾根にはアカマツ林が広がりますが、ところどころ白っぽい岩がむき出しとなった荒地が目につきます。この寺の界隈《かいわい》を散策すると、侵食により不規則な形に刻まれた奇岩・

法善寺裏の崖

奇峰に松の幼木が生え、吹き渡る風でサワサワと音を奏でる林は、なんとも風情ある景色です。この岩場をつくるのは、小川層の砂岩や礫岩《れきがん》です。８００万年前ころこのあたりに広がっていた海が南方の隆起によって浅くなり、さらに陸へと移り変わるときの地層です。砂岩層を見ると、非常に浅くなった海の様子を物語る、クロスラミナ（斜交層理《しゃこうそうり》）などの堆積構造がよく見られます。

また、このあたりの地層はゆるく北へ傾斜しているため、聖山の南麓には東西方向に同じ地層が分布しています。そのため、このようなアカマツ林の中に白っぽい岩がむき出しになったところが至るところにあります。侵食によってやや丸みを帯びた形に削られ、林の中に突如として顔を出す岩肌は、水墨画にでも登場するような風景です。

さらに西へ８kmほど足をのばすと、麻績川沿いに「差切《さしきり》峡」、さらにその西には「山清路《さんせいじ》」へと続く景勝地があり、麻績川が深く刻んだ崖で同じ小川層の地層を見ることができます。しか

坊平植物化石

し、こちらの地層は褶曲《しゅうきょく》によって傾斜が急になっているため、深い谷が刻まれ、落ちてきた巨岩が途中に引っかかってトンネル状になったところや、麻績川の流れによって川底の岩が丸くえぐられたポットホールと呼ばれる凹《へこ》みがいくつか見られ、これまた変わった風景が楽しめます。さらによく探すと、カキの化石が密集した部分なども見つかります。

## 火山灰層の中の豊富な植物化石

小川層の砂岩層の中には、厚さ10ｍ以上にもなる真っ白な凝灰岩《ぎょうかいがん》層がはさまれており、聖山の南麓に東西方向に分布しています。露出しているところは限られていますが、これは「坊平《ぼうだいら》凝灰岩」と呼ばれます。その中には軽石はもちろん、火山豆石という火山灰が固まってできた大豆くらいの粒も見られます。そしてなによりこの火山灰層が有名なのは、この中にスイショウのほかに、タケ、タブノキなどの植物化石が豊富に含まれていることです。タケの茎は立った状態で見つかることから、陸で降り積もったものではないかと推定されます。そしてその種類から、かなり温暖な気候であったことが推定されます。

〈小林和宏〉

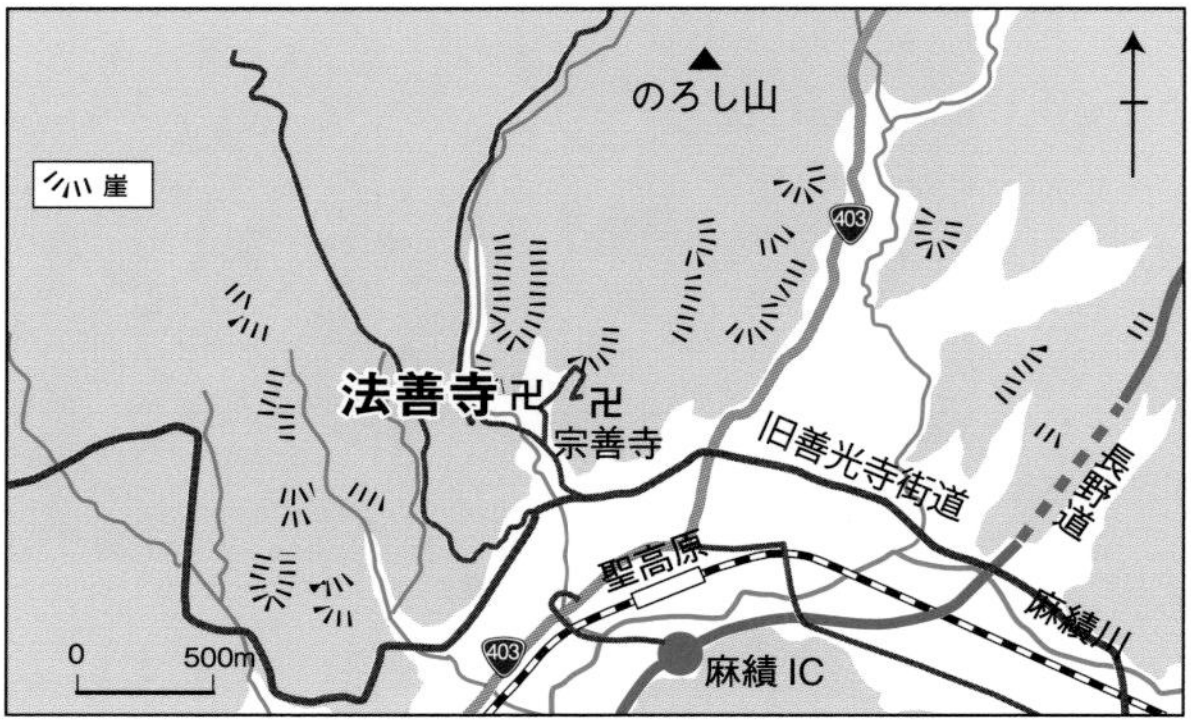

周辺図

逆縁《ぎゃくえん》も 洩《も》らさで救う 西谷《にしたに》の
巡礼塔《じゅんれいとう》を おがむ尊《とうと》さ

# 仏眼山 法善寺

ご本尊：聖観世音菩薩
宗　派：曹洞宗
住　所：東筑摩郡麻績村上町麻8147
連絡先：0263(67)2061
朱印所：寺務所

法善寺のある麻績は善光寺街道といわれた北国西街道の宿場があった地である。麻を績《つむ》ぐという地名からも、古くから開けた地域だったと思われる。

現在の法善寺の裏に広がる谷、西谷《にしだに》に、藤原鎌足の子定恵の開山と伝えられる法相宗西谷寺があったが、1492(明応元)年に廃寺となっている。その後、1512(永正9)年に遠州から賢甫宗俊禅師を迎えて法善寺となり、さらに麻績城主の服部左衛門《さえもん》清信《きよのぶ》により再中興、現在に至っているという。

法善寺の本尊は阿弥陀如来で、観音はその前立《まえだ》ちになっているが、西谷寺由来の仏だとされる。

**アクセス**

麻績ICから麻績村役場方面に進み、信濃観月苑を目標に5分。駐車場は門前。

## 2番

# 楊柳山《ようりゅうざん》 宗善寺《そうぜんじ》

## 麻績村

### 高台に建てられた六角堂

1番の法善寺から東側の細い道を上がりきると、信濃観月苑の奥に宗善寺の観音堂があります。明治以前には、麻績宿本陣となっていた臼井家の裏山に寺があったといわれています。

1869(明治2)年の廃仏毀釈《はいぶつきしゃく》で廃寺となり、本陣の臼井忠兵衛邸の裏庭に1905(明治38)年に小さな観音堂が建てられ、臼井家でご本尊をお守りしていました。その後、旧臼井邸は立ち入りできなくなり、2002(平成14)年に十一面観世音菩薩《ぼさつ》像の収蔵庫として、新しい観音堂がいまの場所に建てられました。六角堂の北側には見晴らし台が設けられ、壮大な岩場の眺めを楽しめるようになっています。

麻績宿は善光寺道(北国西街道)の中間の小さな盆地にあります。この筑北《ちくほく》地域には、信濃三十三番札所の5か所が集中しています。善光寺参拝の途中に観音札所をめぐるようになったともいわれています。

〈小林和宏〉

おしなめて　知るも知らぬも　宗善寺
寺へ参るは　後の世《よ》のため

# 揚柳山 宗善寺

ご本尊：十一面観世音菩薩
宗　派：曹洞宗
住　所：東筑摩郡麻績村上町麻8059－2
連絡先：0263（67）2061（法善寺）
朱印所：法善寺（1番）

1番法善寺から250mほど上った高台に観音堂が建立され、ご本尊が安置されている。江戸時代には、麻績中町の北側、山中の寺屋敷地籍に堂宇《どうう》があったと伝えられるが、明治の廃仏毀釈で廃寺とされ、現在では寺院は存在しない。本尊の十一面観音と薬師如来は、旧本陣の臼井家が寄進したもので、自宅に堂をつくり代々当主がお守りをした。

十一面観音は文化文政の作と推定され、法善寺に遷座していたが、文化財指定を機に、現在地に十一面観音像を安置する六角堂が建てられた。堂内には臼井家13代当主が刻んだ五百羅漢のうち16体の羅漢像もまつられている。

## アクセス

麻績ICから麻績村役場方面に進み、信濃観月苑を目標に5分。駐車場は観月苑駐車場。

# 3番

# 笹命山《ささめいざん》 岩井堂《いわいどう》

筑北村

岩井堂からの遠景

## 馬供養にまつられた馬頭観音

聖高原駅の東南東８５０ｍほどのところに岩井堂があります。長野方面からの高速道路がトンネルから出たあたりに近く、田んぼが広がるのどかな場所です。広い駐車場があるので、アクセスは便利です。源義経の家来、佐藤継信《つぐのぶ》が源平合戦から奥州へ逃げのびる際立ち寄ったこの地で、名馬「磨墨《するすみ》」が急死し、その供養を村人に託したことから、堂を建立し、馬頭観音をまつるようになったのが寺の始まりといわれています。

寺の正面、長野道のトンネル入り口付近には山崎という集落がありま す。その裏山には約８００万年前の山崎植物化石群と命名された植物化石の産地があります。浅くなった海に堆積した小川層の砂質泥岩層に産するもので、その種類から温暖な気候が推定されています。

## 南斜面に急崖が目立つ聖山

北西方向を望むと、聖山《ひじりやま》（1447m）が壁のように東西に尾根を連ねています。アンテナが立っているところが頂上付近になりますが、起伏のあまりないテーブル状の山のように見えます。しかし、テーブルの縁にあたる南斜面は急崖が目立ち、黒い岩がむき出しです。

この崖をつくるのが聖山安山岩です。小川層の堆積後（約500万年前）に、この地域で大規模な火山活動があり、溶岩や火山砕屑物《さいせつぶつ》で埋め尽くされました。その後、これらの地層がゆるく北に傾き侵食を受けたので、聖山は南に急崖をもつテーブル状の山となりました。

また、聖山やその西のたらら山の溶岩は、大きいもので5㎜大の輝石の結晶を含み、それが風化で抜け出したものを拾えることでも有名です。聖山の山頂に登ると、一等三角点があるだけに大変見晴らしがよく、北アルプスをはじめ戸隠・妙高・浅間・八ヶ岳・中央アルプスまで見通せ、眼前に長野盆地や麻績・筑北の街並みが広がっています。

聖山の崖

聖山の手前の右(東)側に、丸みを帯びた三角の頂部をもつ山が目立ちます。尖《とが》った山は「のろし山」と呼ばれ、地層中に貫入したデイサイト(石英安山岩)のマグマの硬い本体の一部が侵食されずに残ったものです。それでも山頂には、まだ小川層の堆積岩がわずかに残っており、下半部は地層中に貫入したマグマが冷え固まったものとなっています。このようなマグマの貫入は、小川層の砂礫《されき》層が堆積したあとにあちこちで起こり、その中でもこれは最大級のものです。

寺の北８５０ｍほどの筑北中学校グラウンド南端には、大地の微小な動きを観測する最新機器として、国土地理院が電子基準点のアンテナを設置しています。ＧＰＳ衛星からの電波を受信し、その基準点のごく微小な動き(数ミリメートル)を連続観測しています。ステンレス製の柱の上にある白いドーム状カバーの中に受信部があり、日本列島の地面の動きを観測する、重要な観測点の１つです。

のどかな田園風景を眺めながら、近辺を散策するのも、またいいものです。

〈小林和宏〉

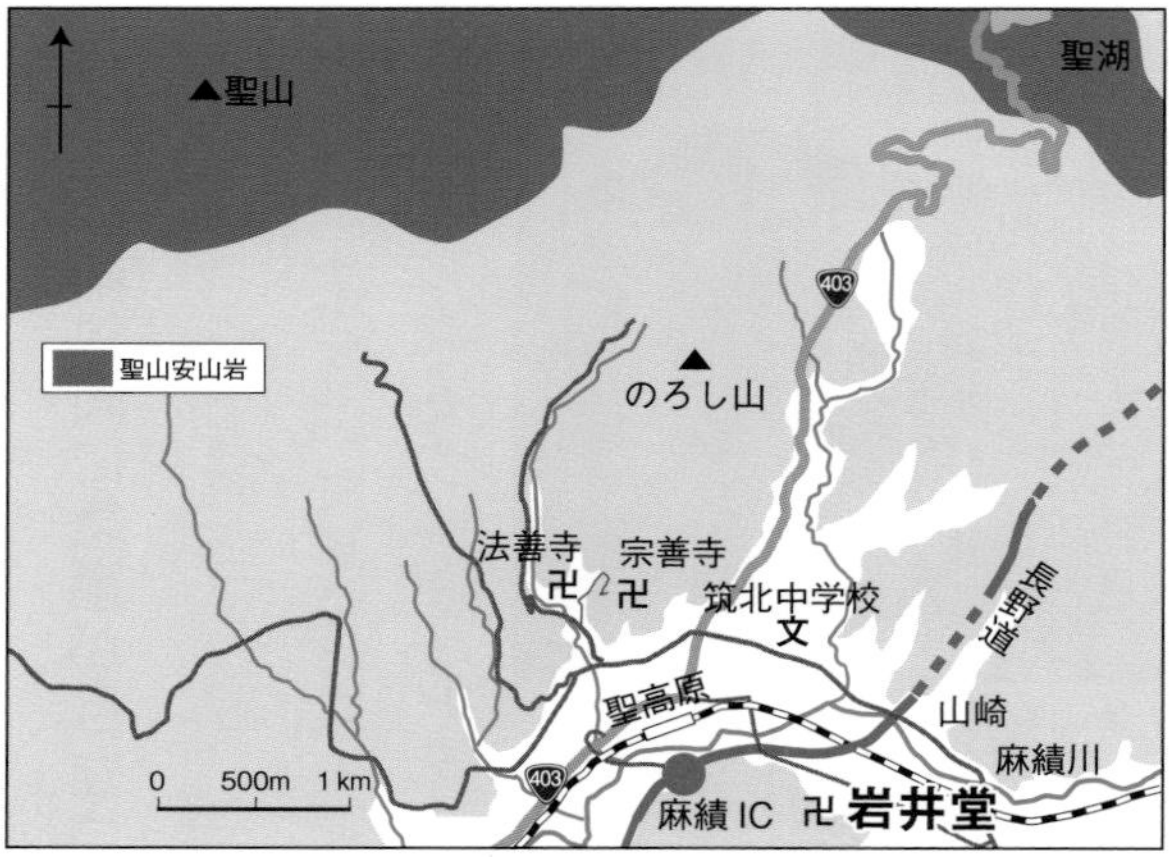

周辺図

安坂川《あさかがわ》 波間にむすぶ岩井堂
うろくずまでも 浮かみこそすれ

# 笹命山 岩井堂

ご本尊：馬頭観世音菩薩（通称・古司の尻つみ観音）
宗　派：不詳
住　所：東筑摩郡筑北村坂井4747—1
連絡先：0263（67）2415（宮下様）
朱印所：宮下様（お堂向かい・要連絡）

馬頭観音は、悪心を砕き、正しい道に導く観音である。憤怒《ふんぬ》の表情が多いが、この馬頭観音は優しくおだやかな表情をしているのが特徴である。源平合戦に登場する名馬「磨墨」がこの地で急死し、その供養のため馬頭観音がまつられていると伝えられる。磨墨のものと伝えられる歯と磨墨の木像が寺宝として秘蔵されている。なお、通称観音名にある「古司《こし》」は、所在地の集落名である。

「尻つみ」とは、尻をつまむ、という意味で、この観音の縁日（8月9日）には、参拝の人ごみの中で、男衆が女衆の尻をつまんで、恋する気持ちを伝えてもいいという慣習があり、それが通称名になった。

## アクセス

麻績ICから西に進み、古司集落を目標に5分。駐車場は村道沿い。

# 4番

# 大里山《おおさとさん》 風雲庵《ふううんあん》

## 長野市

飯縄・戸隠連峰や長野盆地を一望する妻女山からの展望

### 深海の海底にたまった黒色泥岩層に建つ

川中島合戦の際、上杉謙信が布陣したとされる妻女山《さいじょさん》、そのすぐ東側に風雲庵があります。合戦当時、武田信玄の夢枕に立った観世音《かんぜおん》が戦術を授けたという伝説があり、信玄が再建したものといわれます。明治初期に一時廃寺となりましたが、近所の方々の尽力で復興され、守り続けられてきたそうです。

周囲には枝垂《しだ》れ桜の古木や石仏があり、落ち着いた雰囲気のある里山となっています。庵の基礎の部分には黒色泥岩の破片を見ることができ、この山一帯はこうした泥岩からできているのがわかります。この泥岩層は日本の中央部（フォッサマグナ地域）が、海であったときのものです。

基礎部分の黒色泥岩破片

この地層は上田市の別所温泉周辺で詳しく調査されたので、別所層と呼ばれています。約１５００万年前の地層で、クジラやイルカの化石などが発見され、当時長野県の周辺で日本海と太平洋がつながっていたものと考えられています。深い海だったので海底に酸素が少ない状態で有機物が分解されなかったため、この泥岩は黒色をしています。

## 妻女山から見えた長野盆地の生い立ち

風雲庵を訪れたら、すぐ近くの妻女山の展望台に上ってみましょう。ここからは長野盆地をはじめ、茶臼山や大峰山など盆地の縁の山々、戸隠連峰や飯縄山などが一望できます。なぜこうした山と盆地の風景ができたのでしょうか。地質学的には、これらの山々は別所層よりずっと新しい時代の地層や岩石でできており、それぞれが個性的な形で、しかもできかたがまったく違っています。

戸隠連峰は、約５００万年前の海底火山の噴出物からできています。その後、約２００万年前から急激に隆起し続け、硬い岩質からこうした険しい山並みになりました。

なかでも一番高い高妻山は、大地を押し上げてきたマグマが冷え固まった貫入岩《かんにゅうがん》で、戸隠山とはでき方が異なります。飯縄山はなだらかな裾野をもつ富士山型で、約50万年前から大きな噴火を繰り返し、成長を続けた成層火山です。そして、長野盆地の西縁の山々は、約700万年前の海底火山の噴出物である白色の凝灰岩《ぎょうかいがん》類でできており、活断層の動きで隆起した山々です。逆にこの断層の動きで沈みこんだのが長野盆地です。目の前に広がる平らな地形は、犀川や千曲川、裾花川などの川が運んできた土砂が、その凹《へこ》みに堆積してできました。

周辺図

長野盆地の東側は、妻女山のように山と平野の部分が複雑に入り組んだ地形をしています。それに対し、盆地の西縁が直線的で急な山や崖が続いているのは、盆地の西縁断層がいまも動き続けているためです。妻女山は、武田方の動きだけではなく、長野一帯の地形の違いから、大地の動きを考えることのできる格好の場所だと思います。参詣の際は展望台にぜひお立ち寄りください。

〈田辺智隆〉

清野寺《きよのでら》 立ち出《い》でみれば 霧雲《きりくも》の
晴るるところは もとのすみかよ

# 大里山 風雲庵

ご本尊：聖観世音菩薩（通称・清野観音）
宗　派：元黄檗宗
住　所：長野市松代町清野452
連絡先：年ごとに変わるので境内案内板を参照
朱印所：観音堂案内板を参照

1561（永禄4）年の川中島合戦で武田信玄が戦勝を祈願して寺堂を建立したと伝えられる。当時は、妻女山の東麓の大里にあり、風雲寺などとも呼ばれていた。一般には清野観音と呼ばれていたが、1626（寛永3）年に大里から現在地に移転した。

明治維新で廃堂となったが、村もちのお堂として維持されてきた。黒漆に金箔の武田菱が光る厨子《ずし》には武田信玄の位牌《いはい》が納められており、その左右には脇侍《わきじ》として毘沙門天、不動明王がまつられている。本尊の聖観世音菩薩《ぼさつ》は、合戦にあたり信玄の夢枕に立って戦術を授けたとの伝説が残る。

## アクセス

長野ICから松代町方面に15分。駐車場は参道口。

# 5番

# 倉科山《くらしなさん》 妙音寺《みょうおんじ》

## 千曲市

硬い石英閃緑岩の山すそに建つ妙音寺

### 万葉舞台にもなった竹ノ尾のお観音さん

上信越道が長野盆地から南に下り、有明山トンネルに入るころ、森将軍塚古墳の反対・北東側には沢山川に沿って平らな水田が広がっています。万葉集の東歌《あずまうた》にも詠《よ》まれた「石井の手児《てご》」の泉があったという倉科石杭《いしくい》地籍のさらに奥に妙音寺があります。

妙音寺は平安時代初期の延暦年間（782―806）に坂上田村麻呂《さかのうえのたむらまろ》が創建したといわれています。そして、初代松代藩主真田信之の次女・見樹院《けんじゅいん》が1672（寛文12）年に再興したという由緒あるお寺です。その後、福昌寺と改められたあと、明治時代には森の禅透院の末寺になりました。いまは無住となり、ご本尊の十一面観世音菩薩《ぼさつ》は禅透院に

大日堂(倉科石杭)にある万葉集歌碑(中央)と石碑群

安置されています。

寺は石英閃緑岩《せきえいせんりょくがん》の切り立った山すそに建てられており、板状に割れた角礫《かくれき》が多く散乱しています。石垣もこのような平たい角礫が積まれているのが特徴です。

妙音寺近くの森の6番観龍寺も、同じ田村麻呂の建立となっています。なぜ、田村麻呂と関係するお寺が多いのでしょうか。お寺ができた平安時代初めは、奈良時代の終わりごろから、再び東北地方で蝦夷《えみし》との関係が緊迫した時代でした。当時の信濃は征夷軍の通路であっただけでなく、兵士や軍馬、兵糧の供給地としての役割がありました。このあたりからも戦いに行った人たちがいたのかもしれません。征夷大将軍の田村麻呂伝承は、このような歴史に由来するのではないでしょうか。

## 千曲川後背湿地にできた条里遺跡

目の前に広がる千曲市屋代、雨宮、倉科にかけての水田地帯は、千曲川の後背湿地で地下にはきわめて軟弱な粘土層が５ｍ以上積もっています。この一画で１９６１（昭和36）年に長野県で最初に条里水田があったことが確かめられました。その後の高速道や市の発掘によって奈良時代～平安時代に区画された更埴条里遺跡の様子が判明しました。８８８（仁和４）年の千曲川大洪水では一帯が厚い砂層で埋もれてしまいました。

さらに、更埴ジャンクションの近く、自然堤防上に位置する屋代遺跡群では、７世紀後半～８世紀前半の木簡が１３１点見つかり、その内容からこの近くに郡の役所（郡衙《ぐんが》）や初期の信濃国の国府があったと推定されるようになりました。このあたりは、早くから信濃の国の中心地として開けました。千曲川と有明山、大峯山、唐崎山などにはさまれた湿地が条里水田に利用され、まわりには古いお寺がいくつもでき、また万葉集に登場する歌の舞台にもなったのでしょう。

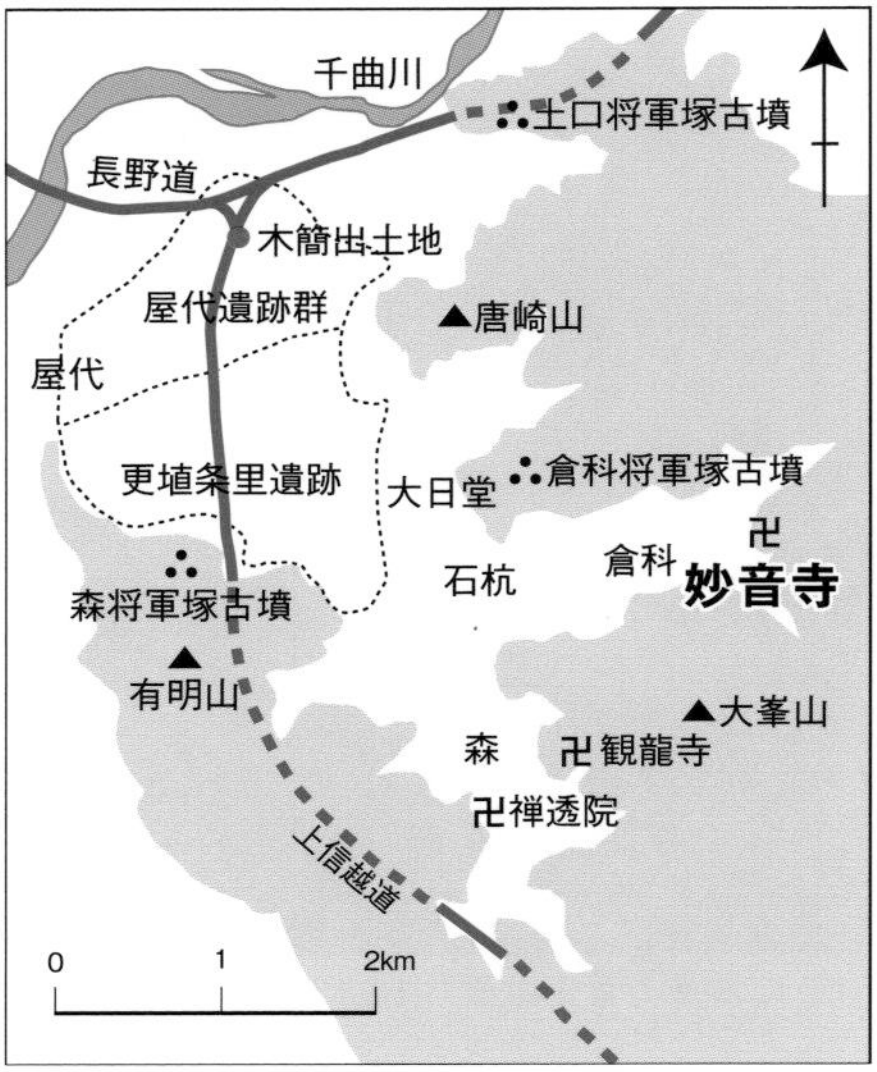

周辺図

倉科や森の地域には、１０００年前の奈良・平安のころからの歴史が隠されています。妙音寺や観龍寺をめぐるとき、「あんずの里道しるべマップ」の看板が随所に整備されていますので、歴史散歩のいい手がかりとなります。

〈中村由克〉

くらしなと 思えばいずる 明星《みょうじょう》の
ひかり田水《たみず》に 浮かむ星影

# 倉科山 妙音寺

ご本尊：十一面観世音菩薩（通称・竹ノ尾観音）
宗　派：曹洞宗
住　所：千曲市倉科竹ノ尾1192
連絡先：026（272）0898（禅透院）
朱印所：禅透院（要連絡・千曲市森1572）

妙音寺は倉科を望む山すそにひっそりとたたずみ、当初の観音堂はさらに山中にあったという。

1706（宝永3）年の古文書に延暦年間に坂上田村麻呂が創建し、「保科清水寺と同時なり」との記録がある。中世には荒れ果てていたが、真田信之の娘・見樹院が父の遺産として与えられた金1万両をもとに多くの寺院を建立したうちの1つで、1672（寛文12）年に再興された。1873（明治6）年に無住となり、1883（明治16）年禅透院が再建、末寺となった。現在では禅透院に本尊の十一面観世音菩薩《ぼさつ》が安置され、そこで御朱印もいただける。

**アクセス**

更埴ICから千曲市あんずの里方面に10分。駐車場は妙音寺いこいの広場。

# 6番

# 洗淵山《さきぶちざん》 観龍寺《かんりゅうじ》

## 千曲市

増長天と広目天が立つ観龍寺二天門

### あんずの里を守る森のお観音さん

あんずの里、千曲市森の集落を過ぎると大峯山のふもとに観龍寺があります。観龍寺は倉科の妙音寺や若穂保科の清水寺などと同様に平安時代初めの坂上田村麻呂《さかのうえのたむらまろ》とのかかわりがあり、妻高子の開基と伝えられ、江戸時代に僧慈岸が中興しました。1951(昭和26)年に廃寺となり、仏像などが売られそうになったとき、村民の熱い保護運動で守られたとのことです。現在では稲荷山の長雲寺ご住職が兼務されています。

本尊の千手観音坐《ざ》像と十一面観音菩薩《ぼさつ》立像は平安時代の作、聖観音菩薩立像は平安末から鎌倉初期の作と考えられ、3体の木像は長野県宝になっています。残念ながら聖観音菩薩は盗難にあい、まだ見つかっていません。このほかにも多

観龍寺から見たあんずの里

くの仏像が安置されています。無住になっても、お寺や境内が美しく維持されているのは、森地区の方がたのご努力によります。

春にはアンズの花が一面に咲き乱れ、多くの人びとでにぎわいます。アンズは1673(延宝元)年に宇和島藩伊達氏の豊姫が松代藩3代藩主の真田幸道に嫁ぐ際に持参したのが始まりで、藩の殖産事業で広まったといわれます。

## 溺《おぼ》れ谷地形をつくる河東山地

森・倉科だけでなく、松代や若穂川田など千曲川の東側の地域は、山地が半島や岬のように突き出し、低地がまわりを埋めていて、「溺れ谷」地形になっています。このような地形ができたのは、長野盆地の西縁の断層を境にそれより東の河東《かとう》山地までの一帯が、東が高く西が低くなるように傾いたためです。それで河東山地の西端は沖積地に埋まりました。

森の大峯山のまわりは北信地方ではもっとも古い新第三紀の内村層があり、そのまわりの有明山や鞍骨《くらほね》城跡や天城《てしろ》山などには少し新しい別所層が分布しています。どちらも海にたまった砂岩・泥岩・凝灰岩《ぎょうかいがん》などからできています。倉科や唐崎山などところどころに石英閃緑岩《せきえいせんりょく》が見られます。石英閃緑岩は新第三紀の地層中に地下深くからマグマが入り込み(貫入し)固まった火成岩です。まわりの堆積岩に比べると険しい切り立った山容を形づくっていて、観龍寺や妙音寺はこのような固い地盤を選んで建てられています。

大峯山が古く、まわりにいくほど新しい時代の地層が分布し、その中に貫入岩が入る状況は、1辺が7～10kmほどの箱型に全体が隆起したために生じたものです。このような隆起が河東山地だけでなく、諏訪から新潟県十日町にかけての北東方向に続く山地地帯に見られ、中央隆起帯と呼ばれています。新生代新第三紀の約1500万年前から隆起し、ところどころに、石英閃緑岩などの貫入岩ができました。

有明山の北にある森将軍塚古墳は長野県を代表する古い前方後円墳です。その石室には50cmほどの平らに割れた倉科の石英閃緑岩が使われています。森や倉科の山や低地、数々の古墳、そして観音札所と、この地域には長野県の地質と古代史の見どころがいっぱいです。

〈中村由克〉

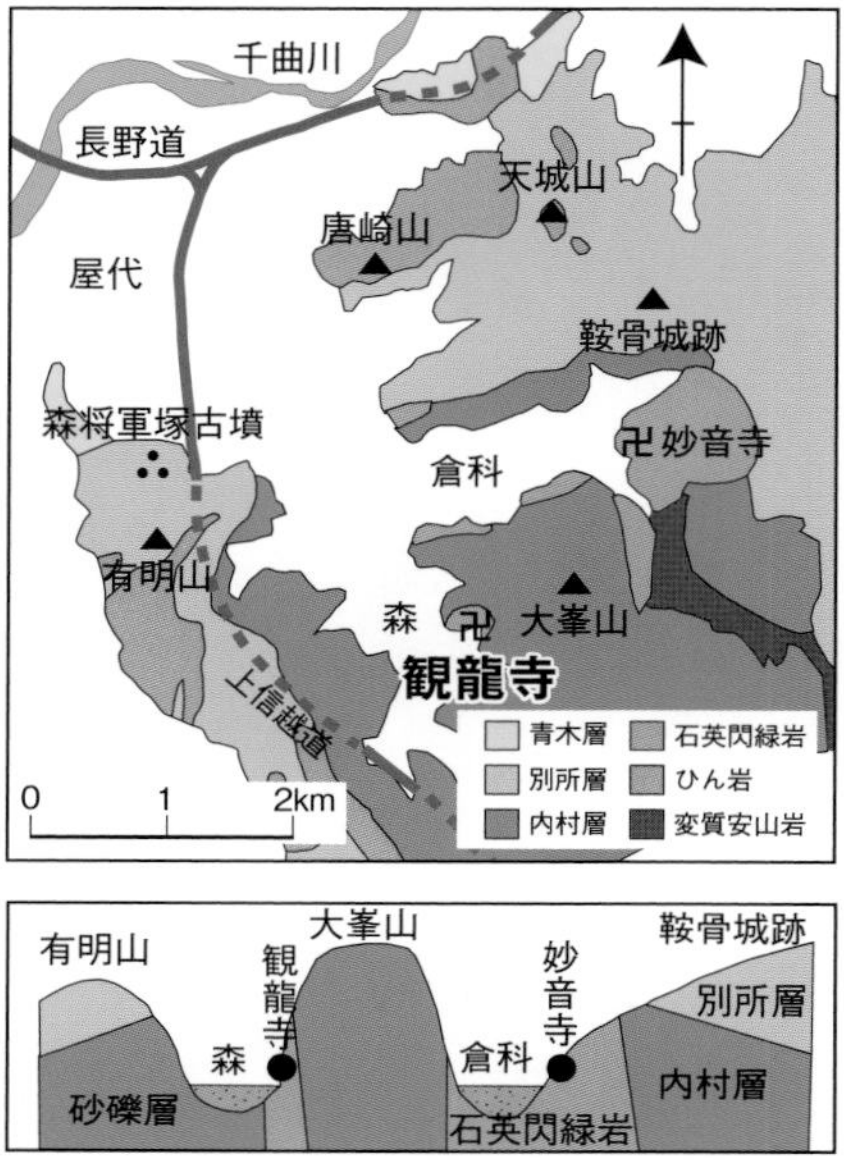

周辺図

雨の宮 森の木陰に 寺見えて
参る心は 涼しかるらん

# 洗淵山 観龍寺

ご本尊：千手観世音菩薩（通称・森の観音さん）
宗　派：真言宗智山派
住　所：千曲市森大峯2650
連絡先：026（272）3730（長雲寺）
朱印所：長雲寺（千曲市稲荷山2239）

平安時代の延暦年間（782〜806）に坂上田村麻呂の妻高子の創建とされ、真言宗の京都大覚寺の末寺である。江戸時代に僧慈岸が中興し、1941（昭和16）年の大火で観音堂と二天門だけが残った。1951（昭和26）年に廃寺となったが、村民の努力で守られている。増長天と広目天が立つ門をくぐると、風情ある茅葺《かやぶ》きの観音堂がある。

ご本尊は平安時代後期の作で長野県宝。観龍寺から約6㎞離れた千曲市長雲寺住職が兼務し、長雲寺が納経所ともなっている。長雲寺は、真言宗智山派の寺で、木造愛染明王座像は江戸初期のもので、国の重要文化財になっている。

## アクセス

更埴ICから千曲市あんずの里方面に10分。駐車場は観音堂手前。

# 7番

# 虫歌山《むしうたさん》 桑台院《そうだいいん》

## 長野市

桑台院仁王門

### 養蚕を守る桑台院の観音様

松代町の中心部から長野真田線(県道35号)を上田市真田へ向かって進み、松代高校を過ぎたあたりに、「虫歌山千手観世音桑台院」と刻まれた石柱が立っています。ここを右折すると桑台院の石段が目に入ってきます。舞鶴山の山腹に立派な舞台がしつらえられた観音堂が建てられています。虫歌山とは変わった名称ですが、こんな逸話が残されています。

松代の町はずれの村に住む若者が、別所や布引の観音様へお参りして帰る途中、地蔵峠にさしかかったところ、眼下の村のほうから悲鳴にも似た声が聞こえてきました。その声は庭先に干してあった繭《まゆ》の中から聞こえるさなぎの苦しみの声でした。若者は自分たちの生活を潤してくれる蚕《かいこ》のさなぎの霊を慰めてやらねばと、近くの山腹に観音様を安置しました。これが桑台院の始まりということです。以来、養蚕を守護する観音様として親しまれ、近くの養蚕農家などにより守られてきたといいます。

松代温泉付近から南東に見える皆神山

## 皆神山《みなかみやま》は溶岩円頂丘

観音様にお参りして、舞台の正面に目を向けると丸みを帯びた山がそびえています。この山は皆神山です。皆神山は直径1㎞ほどのおわんを伏せたような形をした山です。山頂部は平坦になっていて、ここにある湧水池はクロサンショウウオの産卵池として長野市の天然記念物に指定されています。皆神山がこのような特徴のある姿をしているのはなぜでしょう。皆神山はいまから約35万年前に地下から上昇してきたマグマが冷えて固まってできた火山です。皆神山のマグマは比較的粘り気が強いマグマだったので、ドロドロと流れ出すのでなく、ゆっくり盛り上がり冷えて固まりました。このような形をした火山を溶岩円頂丘と呼んでいます。

一方、虫歌観音がまつられている舞鶴山《まいづるやま》は、いまから１６００万年ほど前、この地方が海だった時代に海底に積もった泥が固まってできた泥岩でつくられています。この泥岩には、あとからマグマが貫入して形成された石英閃緑《せきえいせんりょく》岩やひん岩類がはさまれています。舞鶴山や近くの象山などは貫入してきた岩石が硬かったので浸食をまぬがれて峰を形成しています。

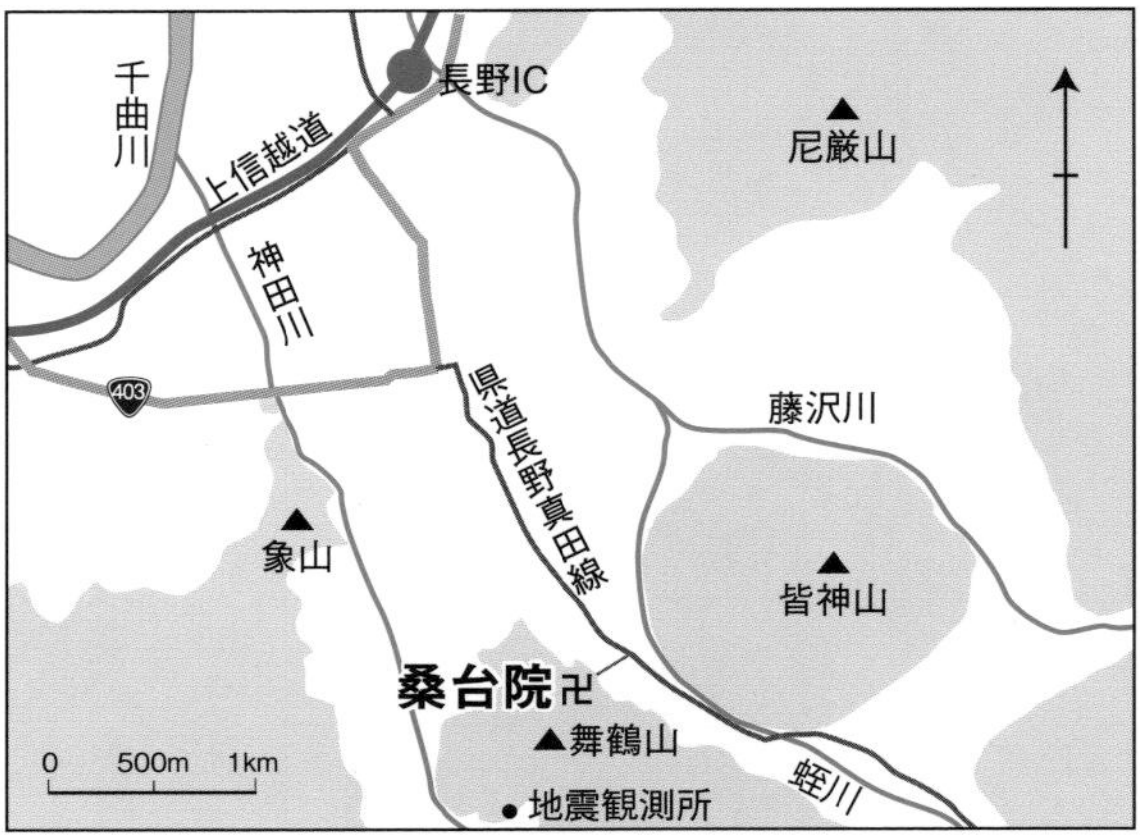

周辺図

これら皆神山、舞鶴山、象山《ぞうざん》の地下には縦横に壕《ごう》が掘られています。太平洋戦争末期に国の中枢機能を疎開させる目的で掘られたものです。このうち象山の地下壕は松代大本営跡地下壕として公開されています。天皇の御所となる予定だった舞鶴山地下壕は、気象庁の地震観測所として使われています。皆神山の地下壕は崩落が激しいため入壕することはできません。

観音様にお参りするとともに、こうした戦争遺跡を訪ねて平和を祈るのもいいかと思います。

〈花岡邦明〉

虫生田《むしをだ》に　かげを隠すは　東条《ひがしじょう》
有明月《ありあけづき》は　西にかたむく

# 虫歌山 桑台院

ご本尊：千手観世音菩薩（通称・虫歌観音）
宗　派：真言宗豊山派
住　所：長野市松代町豊栄宮崎6531—1
連絡先：026（278）3967（福徳寺）
朱印所：福徳寺（長野市松代町東寺尾3944）

1544（天文13）年に福徳寺の快雄住職がこの地に堂を建て、「引虫寺」と称して蚕《かいこ》の供養をしたのが始まりと伝えられる。虫は蚕のこと。蚕が元気に育つ祈願と殺生してしまう繭《まゆ》の中のさなぎの供養が目的であった。

ご本尊の千手観音は背丈が4ｍの大きな観音である。1775（安永4）年に火事にあい、首だけが残ったそうである。1787（天明7）年に本体の像を修復し、現在のお堂も再建した。

養蚕の盛んな時代、祭日には縁起物売り、達磨《だるま》市がおこなわれ、露店なども出て、大変なにぎわいだったようである。

## アクセス

長野ICから松代町方面に10分。駐車場は石段手前。

# 8番

# 時頼山《ときよりさん》 西明寺《さいみようじ》

# 長野市

裾花凝灰岩層

## 裾花凝灰岩層《すそばなぎようかいがん》の地すべり地に建立

寺伝によると、西明寺という名称は、鎌倉幕府の5代執権の北条時頼が自らつけたといわれています。執権をやめて出家し、「最明寺入道」と称して全国を巡回したときに、小さな庵《いおり》を建てて千手観音を奉安したそうです。

長野方面から西明寺に行くには、犀川にかかる両郡橋の手前を右折して狭い道を上っていき、吉窪集落に出るとすぐ西明寺の案内板が見えます。少し広くなった道路の脇に車を止めて、参道を登るとお寺に着きます。石垣の上にありますが、淡褐色の凝灰岩《ぎようかいがん》の上に建っていることがわかります。お参りをしてから集落を見下ろすと、スプーンでえぐったような切り立った壁に沿ってお寺や集落があることがわかります。

上ってくる途中の山道のところどころに大きな崖があり、そこに見られる地層が裾花凝灰岩層です。いまからおよそ800〜600万年前に噴出した流紋岩質《りゅうもんがんしつ》の火山噴出物からなる地層で、長野市の小市《こいち》から保玉《ほたま》の犀川沿いに広く分布し、遠くからも白い崖がよく目立ち、通称〝白いわ〟とも呼ばれています。吉窪周辺では、裾花凝灰岩層が地すべりによって崩れたあとにできた凹地の上に集落ができ、そこに西明寺が建立されていることがわかります。裾花凝灰岩層は風化に弱いところでは侵食が進んでいて切り立った崖を形成し、地すべりを起こしやすい地層です。

50cm大の「仏頭石」（提供：戸隠地質化石館）

裾花凝灰岩層は2000m以上の厚さと推定されており、凝灰岩以外にも白色の流紋岩の溶岩、溶岩ドーム、岩脈《がんみゃく》、火山豆石《まめいし》、ガラス質の真珠岩、黒曜岩《こくようがん》溶岩などが観察されます。火山豆石はマグマと水が触れて爆発を起こしたときなどに、細かい火山灰が凝集してできるので、この付近がまだ海底にあったころ爆発的な火山活動があったことを物語っています。

## 火山活動でつくられた仏頭石

ガラス質の真珠岩が産出するところでは「葡萄《ぶどう》石」または「仏頭

石」と呼ばれる球状体（球顆《きゅうか》）を見ることができます。これは流紋岩のマグマの二酸化ケイ素（$SiO_2$）の割合が高い場合に、石英と長石が細かい結晶をつくりながら同心円状に結晶が形成されていく現象で、丸い球状のものがいくつも重なって見えます。この姿が仏像の螺髪《らほつ》という髪型に似ているので「仏頭石」という名前がつけられました。

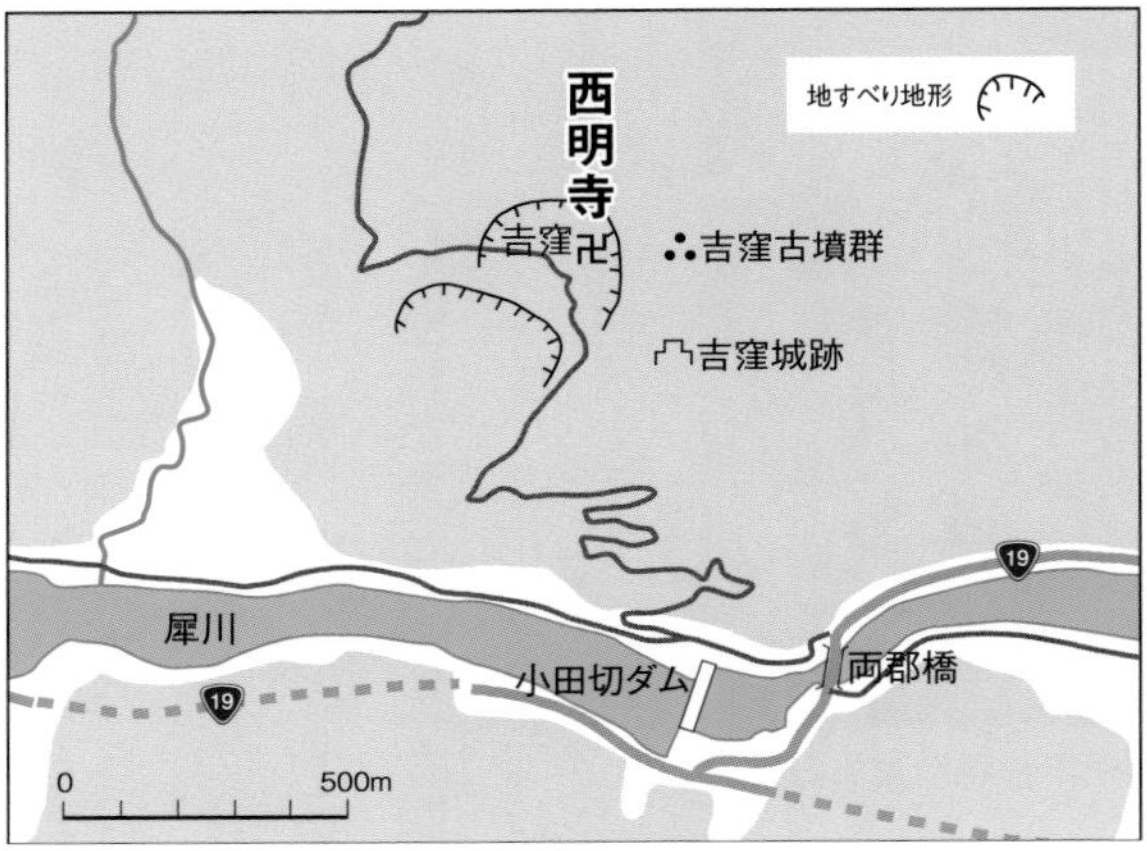

周辺図

西明寺の裏道を上っていくと開けた平らな面に出ますが、そこに「1号古墳」という看板があります。この一帯は吉窪古墳群があって、古い歴史を感じさせる地域となっています。明治の初めのころは22基あった古墳がいまは7基だけになっていますが、第3号古墳では石室も見つかっています。

また古墳群の先には、小田切氏を城主とする吉窪城の遺構を見ることができます。西明寺は小田切氏や塩入氏によって繁栄してきましたが、その後衰退し１８５２（嘉永５）年に吉窪集落の山手に移転しました。１９３３（昭和８）年の火災で類焼し、１９４３（昭和18）年に集落の有志により再建されています。現在も年間１０００人以上の参拝客が訪れる霊場となっています。

〈近藤洋一〉

水上《みなかみ》を　さし出でみれば　西明寺
岸うつ波に　船ぞ浮かめる

# 時頼山 西明寺

ご本尊：千手観世音菩薩（通称・吉窪観音）
宗　派：浄土宗
住　所：長野市塩生甲3074
連絡先：026（229）3336（塩入様宅）
朱印所：塩入様（寺手前200m）

寺の山号と寺号は、鎌倉幕府の執権《しっけん》を務めた北条時頼がその座を退き、「最明寺入道」を名乗って回国修行の途中、立ち寄ったのにちなむとされる。

その後の経緯は不詳だが、江戸時代の松代藩の記録には、現在と同じ程度の規模の吉窪観音堂の記録がある。1852（嘉永5）年に塩入家が私財を投じて、約2㎞離れた山中にあったのを現在地に移転。しかし、1933（昭和8）年に焼失。その後、塩入家など地域の信者により再建され、1943（昭和18）年に小川村の高山寺（33番）から千手観世音菩薩《ぼさつ》を迎えて安置し、観音堂が再建されている。

**アクセス**

長野ICから長野市街地方面に進み、国道19号両郡橋を目印に20分。駐車場は石段手前。

# 9番

# 蓑堂山《みのどうさん》 蓑堂《みのんどう》

## 須坂市

蓑堂と柱状節理

### 群発地震で参道が崩落

須坂長野東ICより車で約20分、須坂市の塩野地区と亀倉地区をつなぐ「みのどうトンネル」の南から北西側を眺めると、切り立った断崖が眼前に広がります。肉眼ではわかりにくいですが、双眼鏡などを使うと険しい岩峰の頂に、小さなお堂があるのがわかります。これが蓑堂山の観音堂（蓑堂）です。蓑堂は、中世（1400年代後半）に小柳（現在の長野市若穂綿内）周辺を治めた井上氏が、居城の鬼門にあたる蓑堂山にお堂を建て、菩薩《ぼさつ》像を安置したのが始まりとの伝承がありますが定かではないようです。ちなみに、蓑堂のご詠歌にある「井の上や」は、この言い伝えによるものだそうです。

観音堂に行くには急峻《きゅうしゅん》な岩場をよじ登らなくてはなりませ

んが、1965（昭和40）年8月から約5年半続いた松代群発地震によって参道が崩落し、お堂も傾いたために、現在は入山禁止になっています。このためご本尊の十一面観音坐《ざ》像も山から下ろされ、ふもとの民家に安置されています。

## 断崖には溶結凝灰岩《ようけつぎょうかいがん》の柱状節理

蓑堂という名前は、お堂のある岩山の形が雨具の「蓑」に似ていることに由来するそうです。この岩山のどこが蓑に似ているかといえば、規則的な縦の割れ目があるところでしょう。この割れ目は、地学の用語では柱状節理《ちゅうじょうせつり》と呼ばれます。熱い火山の噴出物が、地表で急激に冷えていくときに、収縮することでこのような規則正しい割れ目ができるのです。柱状節理は溶岩に見られることが多いのですが、蓑堂山は溶結凝灰岩でできています。溶結凝灰岩とは、大量の熱いマグマの破片が高温の火山ガスと一緒に流れ下る大規模な火砕流によりできるものです。大規模な火砕流は爆発的な火山噴火により発生しますが、これはマグマの中に溶け込んでいたガスが急激に発泡するためです。このような噴火が起きると、ガスの発泡によりスポンジのよ

蓑堂の溶結凝灰岩に見られる溶結レンズ

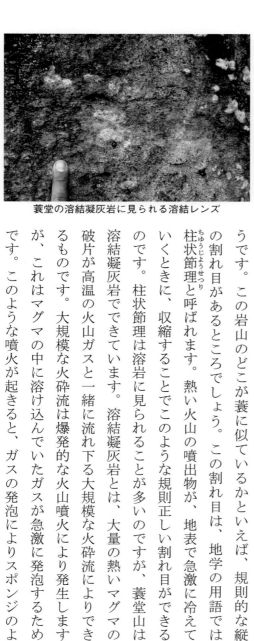

うに穴がたくさんあいた軽石やスコリア、それにマグマが細かく砕けた火山灰が大量に生産されます。まだ冷えていない熱い軽石やスコリアが火山灰とともに大量に積もると、堆積物の重みと熱によって、まるでせんべいのように平たくつぶれます。このような平たくつぶれたものを溶結レンズと呼んでいます。蓑堂山をつくっている岩石にも、溶結レンズがたくさん見られるので、溶岩ではなく溶結凝灰岩だとわかるのです。蓑堂山の溶結凝灰岩は、かつては蓑堂の南東側にそびえる四阿山《あずまやさん》の噴出物と考えられていましたが、現在では長野松代の柴石《しばいし》として有名な柴溶結凝灰岩と同時期の噴出物ではないかと考えられています。ちなみに四阿山は約80〜45万年前に活動した成層火山で、柴石は約２４０万年前に噴出した火砕流堆積物です。

　蓑堂から四阿山方面へ車で30分ほど進むと、米子大瀑布《ばくふ》駐車場に着きます。駐車場から徒歩でさらに30分ほどで米子大瀑布の1つである不動滝を見ることができます。ここでは厚い溶岩にできた柱状節理が見られますので、そこまで足をのばしてみるのもいいと思います。

〈竹下欣宏〉

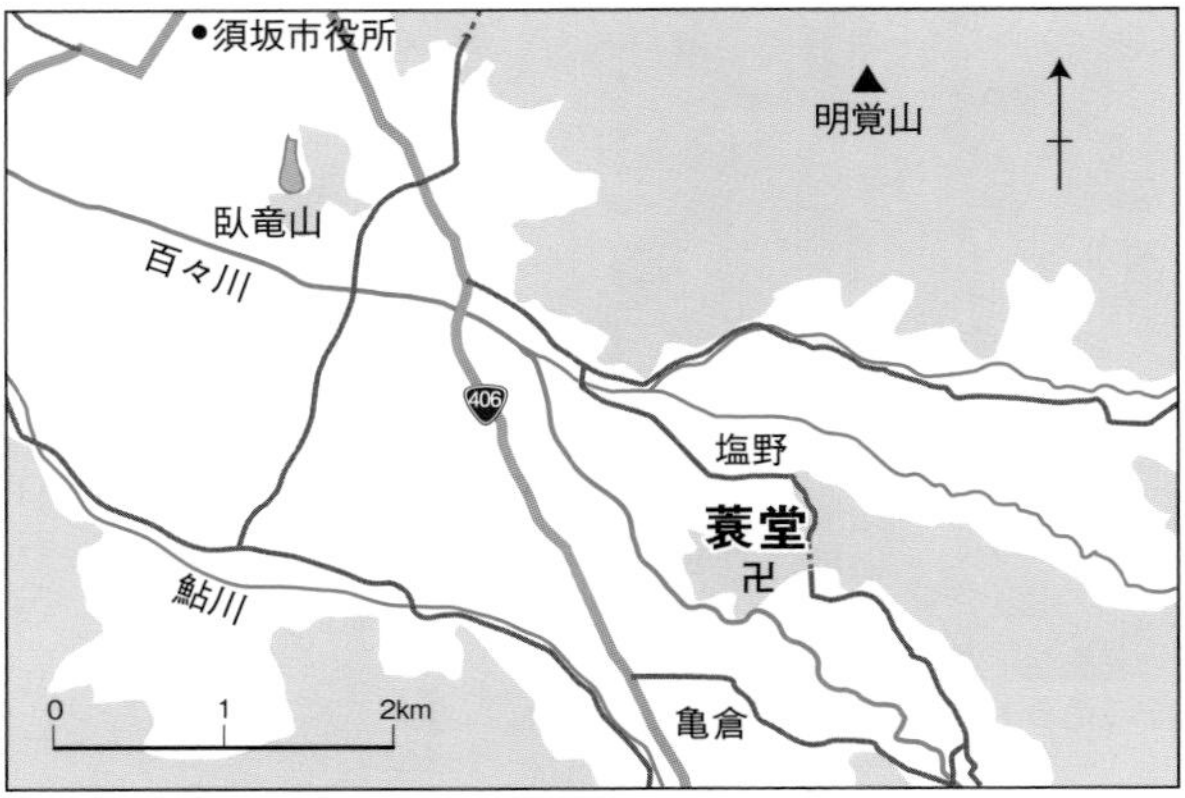

周辺図

井の上や　夜な夜な来たる　みのん堂
雨は降るとも　身をばぬらさじ

# 蓑堂山　蓑堂

ご本尊：十一面観世音菩薩（通称・べべ出し観音）
宗　派：不明
住　所：須坂市米子寺内34
連絡先：026（248）2132（樋口様宅）
朱印所：樋口様（須坂市米子61・要連絡）

蓑堂《みのんどう》は、険しい岩山の崖の上につくられており、参道を着物の裾をたくし上げて登ることになる。そのため後ろから登る男性には女性のべべ（秘所）が垣間見られる、ということで「べべ出し観音」の通称がある。蓑堂は平安時代後期にこの地を治めた井上氏が観音菩薩《ぼさつ》を安置したことが始まりとされる。しかし、1965（昭和40）年から続いた松代群発地震によって、参道が壊れ、蓑堂も傾いて危険なため、蓑堂には近づけなくなってしまった。現在、蓑堂の1690（元禄3）年の背銘がある十一面観世音菩薩は、山の下の樋口様宅に安置されてお参りすることができる。ここから傾いた蓑堂も望むことができる。

## アクセス

須坂長野東ICから須坂市方面に進み、米子不動を目標に20分。駐車場は樋口様宅近く。

# 10番

# 妙徳山《みょうとくさん》 高顕寺《こうけんじ》

須坂市

ゆるやかな斜面に位置する高顕寺。手前は大悲殿、右下は鮎川

## 桜の名木がある境内

高顕寺は、須坂市仁礼《にれ》付近を流れる鮎川左岸の山すそにあります。寺伝によると開基は行基《ぎょうき》で、いまから1250年ほど前と伝えられています。観音堂はかつて本堂の裏山を少し登ったところにありましたが、2006(平成18)年に現在の場所に移築され、いまでは立派なコンクリート基礎の上に建てられた大悲殿の中に観音様が安置されています。

高顕寺は、背後に妙徳山(標高1293m)からのびる山稜《さんりょう》の1つのピークを擁し、そこから鮎川に向かって両側に開いた2つの尾根の間に抱かれるようにひっそり建つ名刹《めいさつ》です。境内には樹齢300年以上のエドヒガンザクラと枝垂《しだれ》れ桜の2本の大樹があり、春には多くの人が訪れますが、その脇につつましく咲く桜が２０１８（平成30）年４月、「明徳慈眼桜《みょうとくじげんざくら》」として日本花の会から新しい園芸品種に認定されました。墓地の上方の尾根には戦国時代の山城跡もあります。

かつて観音堂があった場所は風化した斑れい岩が露出

## 地下マグマが貫入してできた岩石

高顕寺は、鮎川にかかる大門橋を渡って石段を30ｍくらい上った高台に位置しており、なだらかなアンズ畑などが広がる斜面の一隅にあります。周囲の山々は、いまから１０００万年くらい前、新第三紀中新世と呼ばれる地質時代に地下からマグマが貫入して冷え固まってできた斑《はん》れい岩や石英閃緑岩《せきえいせんりょくがん》などの岩石でできています。

これらの岩石は、温泉などの熱水による影響で変質してボロ

熱水変質を受けた石英閃緑岩

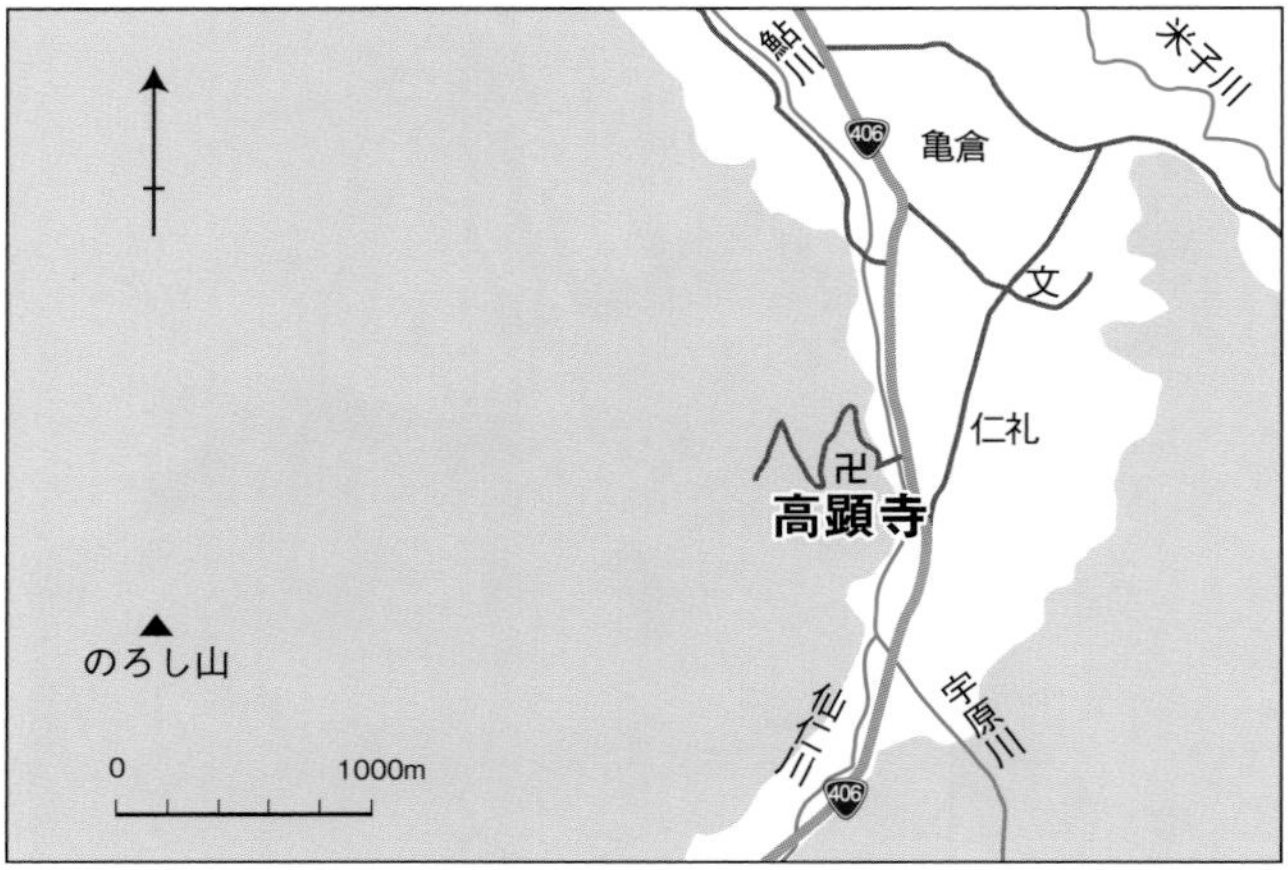

周辺図

ボロに風化している場所が見られます。高顕寺があるなだらかな斜面はそのような変質した岩石が崩れ落ちて形成されたと考えられます。また、斜面の裾は鮎川の流れからは少し高い位置にあって、そこから急に川に向かって崖になっていることから、鮎川による浸食を繰り返し受けてきたことをうかがわせます。

　鮎川は高顕寺のすぐ上流で、菅平高原に源を発する宇原川と仙仁《せに》川が合流して始まります。宇原川では1981（昭和56）年8月23日に菅平高原の北西側を源頭部とする土石流が発生しました。土石流は渓流の土石と立木を巻き込んで仁礼地区を襲い、宇原川沿いの家屋30戸が全半壊して11人が亡くなりました。土石流は仙仁川に合流して鮎川を流れ下ったために大門橋が流失しましたが、高顕寺は高台にあったため被災をまぬがれました。

〈塩野敏昭〉

あづまやの 川瀬の波の 音聞けば
み法《のり》の船の たがわざりけり

# 妙徳山 高顛寺

ご本尊：千手十一面観世音菩薩
宗　派：真言宗豊山派
住　所：須坂市仁礼中村868
連絡先：026（246）8583
朱印所：寺務所

行基が開基したとされる古刹《こさつ》で、鎌倉時代末期には32堂もの伽藍《がらん》を配する寺であったと伝わる。

往時、観音札所は、当寺の前を流れる鮎川の源流、宇原川の最上流にある大谷の滝（よく知られる米子の滝は尾根をはさんだ東側）にあり、この付近の最高峰四阿山《あずまやさん》にちなんで、江戸時代には「あずまや」と称された。しかし、参道が長く険しく、参拝が容易でないので、江戸時代に里宮であった高顛寺が札所となった。

ご本尊の千手観音は、雨乞い、火除け、養蚕の守護仏として、善光寺平一帯の人びとの信仰を集めた。

## アクセス

須坂長野東ICから須坂市・菅平方面に進み15分。駐車場は境内手前（大型は参道口）。

# 11番

# 仏智山明真寺《ぶっちさんみょうしんじ》 清滝観音堂《きよたきかんのんどう》

長野市

観音堂参道

## 傾斜地に広がるアンズ畑

長野市松代町の中心部から東へ向かい、東条小学校を経て藤沢川沿いの道を南東へ進むと、左手には傾斜地が広がっています。「滝本」の看板で左折し、この傾斜地をどんどん上っていくと、道端に「清滝観音堂」と書かれた案内板があるので、矢印に従って進みます。道の途中で振り返ると、眼下に松代の城下町を望み、目の前には皆神山《みなかみやま》が見えます。また天気がよいと遠く北アルプスまで眺めることができるかもしれません。

「善光寺の鐘の音が聞こえる地域でアンズは実をつける」といわれていますが、この東条も西向きの傾斜地を生かし、隣の千曲市森地区と並んでアンズ栽培が盛んな地区です。4

月は桜に続くアンズの開花で山すそはピンク色の霞《かすみ》がかかったようになり、6月下旬に収穫時期を迎えます。この傾斜地は奇妙山から崩れ落ちた土砂が押し出した地形で、清滝観音堂はその中の菅間集落のもっとも高い標高約520mにあります。

道路脇に駐車スペースがあるのでそこに車を止め、動物除けの柵を回り込むとお堂の正面に出ることができます。清滝観音堂の本尊は1丈6尺(約5m)の千手観音(秘仏)で、奈良時代天平年間(729~749)に行基が1本の立木から3体の仏像を刻んだうちの1体だと伝承されています。ほかの2体は札所の7番桑台院、16番清水寺に安置され、谷街道の道筋にあるこの3か所のお寺を1日でめぐるとご利益《りやく》があるそうです。

現在では水がほとんど落ちていない清滝

## 清滝観音の柱状節理

お堂は平安時代初めの坂上田村麻呂《さかのうえのたむらまろ》による建立で、最盛期には36坊7堂伽藍《がらん》が建ち並ぶ山岳信仰の一大霊場として栄えたとも伝えられています。

さらにヘアピンカーブを道なりに上っていくと、滝本集落近くに「清滝奥ノ院阿弥陀堂」の看板があります。徒歩で細い山道を少し入ると、滝

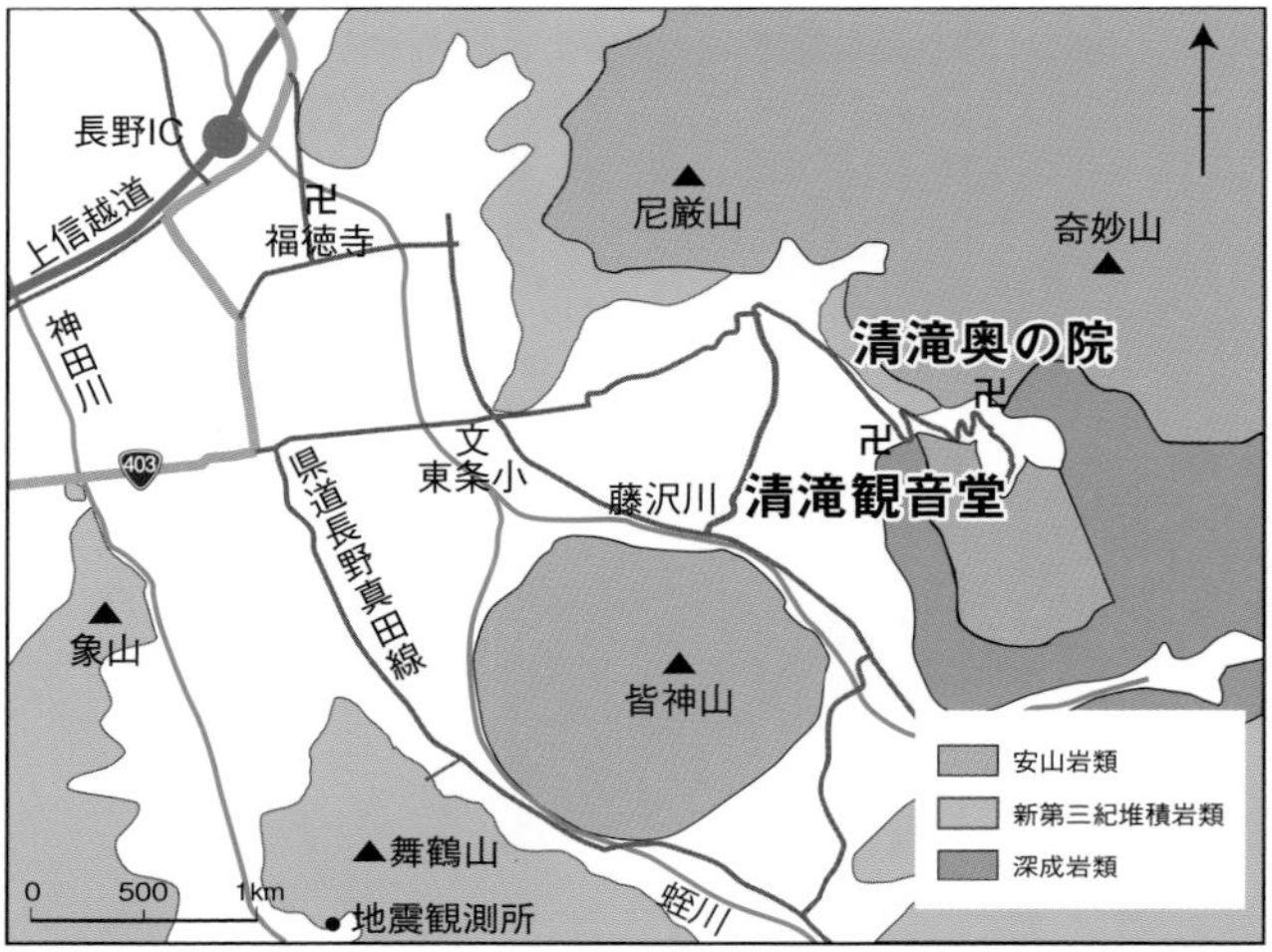

周辺図

を背にした阿弥陀堂があらわれます。滝の岩壁は安山岩の溶岩で、落差は数十メートルもあり柱のように縦に割れ目が入っています。マグマが地表に流れ出し、冷えて固まるときに縮んでできたもので、柱状節理《ちゅうじょうせつり》といいます。

これはいまから３００～２００万年ほど前に噴出した溶岩で、背後の奇妙山（１０９９ｍ）や尼厳山《あまかざりやま》（７８１ｍ）の土台となっています。外側は風化して白っぽく見えますが、水に濡れた部分や内側の新鮮な面は黒色緻密《ちみつ》で光沢があり、溶岩を構成している個々の鉱物は小さくて目立ちません。これは、噴火してから急激に冷えたことを示しています。

東条にはこの奇妙山や尼厳山への登山道の入り口があります。健脚であれば、少し足をのばすとかつての修験者《しゅげんじゃ》の気分を味わえるかもしれません。

〈長谷川桂子〉

清滝《きよたき》や　川瀬の波の　繁《しげ》ければ
心静めて　頼む後《のち》の世

# 仏智山明真寺　清滝観音堂

ご本尊：千手観世音菩薩（通称・清滝観音、養蚕観音）
宗　派：真言宗豊山派
住　所：長野市松代町東条菅間
連絡先：026（278）3967（福徳寺）
朱印所：福徳寺（長野市松代町東寺尾3944）

千手観音は、等身大の一木造りであるが、秘仏であり、前立観音がまつられている。縁起によると本尊は天平年間（729〜749）の行基《ぎょうき》の作と伝えられ、この地を訪れた際に桑の巨木から刻んだ3体のうちの1体といわれる。ほか2体は桑台院（7番）と清水寺（16番）に安置されている。当初、観音堂は清滝の上の堂平にあったが、その後、滝の下に移された。移された観音堂は、高さ3丈（約9m）もある舞台づくりであったが、江戸時代に火事で焼失し、さらに下った現在地に再建された。現在、滝の下には阿弥陀堂が建てられている。滝の水量は最近少なくなり、水が落ちる時期は限られる。

## アクセス

長野ICから松代町方面に15分。駐車場は観音堂上部道沿い。

12番

# 菩提山《ぼだいざん》 無常院《むじょういん》

長野市

無常院山門

## 大町街道の交通の要衝

長野市安茂里小市《あもりこいち》、犀川と白い岩肌が見える山との間、坂の途中に無常院南泉寺があります。無常院は、1048（永承3）年、天台宗誓林坊を開山とし、現在の中御所《なかごしょ》の場所に善光寺宗徒七院の1つとして建立されました。当時、裾花川《すそばながわ》は現在の県庁あたりから南東側に流れており、中御所時代の無常院は水害と戦乱にたびたび苦しめられたといいます。

1559（永禄2）年、現在の場所に移りました。時の領主小田切氏の一子三左ヱ門《さんざえもん》が発心《ほっしん》して慶誉上人が中興開山となり、浄土宗に改められました。長野市指定文化財になっている寺宝・銅造阿弥陀如来一光三尊像は、小田切氏の守り本尊であったといわれ、秘仏とされています。

南（犀川右岸）から撮影した無常院と裾花凝灰岩

かつて、無常院の南側は大町街道と呼ばれる交通の要衝でした。周辺に住宅や建造物が少なかったころ、大町街道を通る人びとは、街道から無常院を見上げたことでしょう。大町街道から見ると、無常院が坂の途中に建てられていることがよくわかります。坂道を登る参道、立派な山門、奥に本堂、そして背後に白い崖がそびえる迫力のある景観だったに違いありません。

## 長野盆地西縁断層の動きでできた段差

無常院の北側の白い崖は、安茂里小市から県庁付近に続いています。白い崖の正体はなんでしょうか。白い岩は、裾花《すそばな》凝灰岩《ぎょうかいがん》といわれる約７００万～６００万年前の活発な火山活動によってできた火山噴出物による地層でできています。この付近が海の底だったころ、海底で起きた大規模な噴火の名残です。そして、裾花凝灰岩からなる急な崖やそれに続く無常院の建っている坂は、断層運動によってできたと考えられます。１回の地震で生じたのではなく、何回か繰り返された地震によってしだいに段差が大きくなったものだと考え

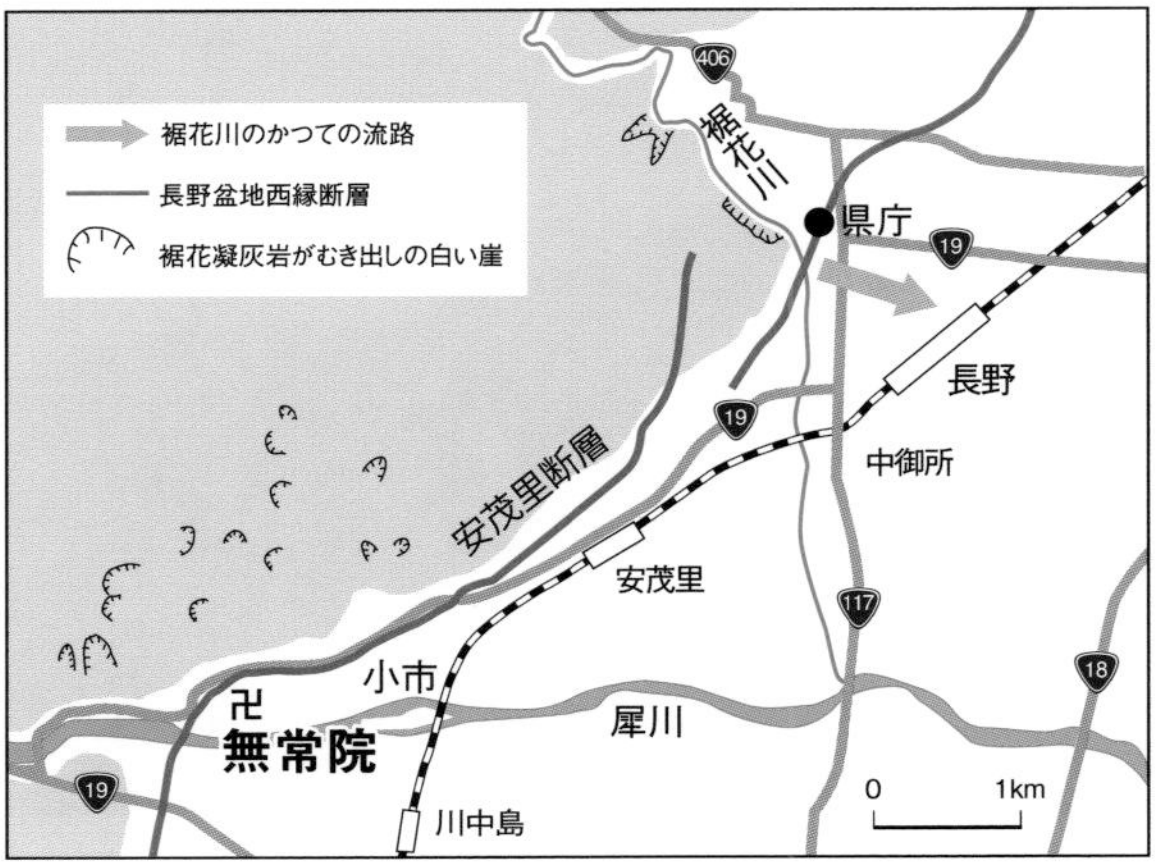

周辺図

られます。

この断層は、長野盆地西縁断層帯を構成する断層の1つ、安茂里断層です。断層をはさんで北西の山側がせり上がり、南東の長野盆地側が落ちる逆断層の性質をもっています。長野盆地西縁断層帯が活動した1847（弘化4）年の善光寺地震のときには、安茂里付近で約2・5ｍの段差を生じたと記録が残っており、無常院は本堂・庫裏《くり》・観音堂・山門のすべてが倒壊したそうです。山門は倒壊した木材をそのまま使い、現在の形に修復されました。

2014（平成26）年11月22日、長野県北部地震（神城断層地震）では、本堂の漆喰《しっくい》壁に大きな亀裂が走り、一部は全面剝落《はくらく》、観音菩薩《ぼさつ》・地蔵菩薩の落下、観音堂観音菩薩が90度時計回りに回転、石造物の倒壊など、善光寺地震以来の大きな被害があったそうです。震源である白馬村から離れているにもかかわらず、大きな被害があったことは、断層の存在となにか関係があるのかもしれません。

〈中川知津子〉

中見堂《なかみどう》 参《まい》りて拝む ありがたや
よきもあしきも もらし給《たま》ふな

# 菩提山 無常院

ご本尊：馬頭観世音菩薩（通称・子育観音、中見堂）
宗　派：浄土宗
住　所：長野市安茂里小市3—45—8
連絡先：026（226）4729
朱印所：寺務所

無常院は歴史ある寺院である。誓林坊により、現在の中御所に1048（永承3）年に開基され、善光寺七院の1つであった。寺紋も善光寺と同じ立葵《たちあおい》である。1574（天正2）年に現在地に移転した。一方、観音堂は、現在地より北に数百メートルの中見堂沖にあった。そのため中見堂観音とも通称される。

観音堂の本尊は聖観音であったが、いつからか馬頭観音にかわって現在に至っている。この地は、鬼無里や戸隠への馬神《まがみ》街道が走っており、犀川の渡河地点でもあり、馬市も開かれていたなどのためであろう。境内にはフジ棚があり、例年4月下旬から5月上旬が見ごろとなる。

## アクセス

長野ICから長野市街地方面に20分。駐車場は山門下、墓地西側。

13番

# 恵日山《えにちざん》 開眼寺《かいげんじ》

千曲市

開眼寺観音堂

## 桑原火山岩の溶岩の上に建つ寺

善光寺平から松本方面への江戸時代の街道、北国西街道（善光寺街道）が、冠着山《かむりきやま》・聖山《ひじりやま》の山地を抜ける猿ケ馬場峠《さるがばんばとうげ》の登り口に開眼寺はあります。近くには桑原宿がありました。江戸時代初期の１６５１（慶安４）年に開創され、本尊聖観世音菩薩《ぼさつ》も江戸時代初期に彫り上げられたものです。本尊は秘仏で、元旦と開山忌法要日（８月３日）に限って開帳されます。背丈約１ｍで、一木造りの金色の像です。江戸時代、主要街道の峠の入り口で、人やものの動きが多く、立派な観音菩薩がまつられていたので、信濃三十三番札所になりました。

地図（P54）で、薄茶色に塗られた地域は山地です。白色の地域は善光寺平の一部です。善光寺平に突き出た梵天山《ぼんてんやま》の尾

杉木立の中の開眼寺観音堂と松本（左方向）に向かう特急列車

根の北端に開眼寺があります。ここに示された山地は、およそ５００万年前（この地域が海底から隆起して陸地になったころ）に噴出した桑原火山岩と命名されている溶岩でできています。この溶岩を噴出した火山はどこにあったかはわかっていません。

　開眼寺が建っているのはこの溶岩の上です。開眼寺の門に向かって右（西）50ｍほどの、猿ケ馬場峠への登り口にその溶岩の一部が見えますが、白色や茶色でもろく、溶岩らしくありません。この溶岩は、地下からの熱水によって化学変化（熱水変質）を受けてしまったと考えられます。その証拠は、この山道を５００ｍほど登った梵天山にあります。

## 地下深部から湧出した熱水で風化

　頂上付近にろう石を露天掘りした鉱山跡があります。ろう石は、ある種の岩石が、硫酸《りゅうさん》を含んだ熱水で変質作用を受けたときにできます。桑原火山岩は地下深部から湧出してきた熱水によって、もろくなったり、粘土になったり、ろう石になっていたのです。ろう石は、耐火物製造に使われたり、粉末にして化学肥料と練り合わせて、散布しやすい大きさの粒子状にするのに使われたり、コート紙製造に使われます。しかし、近年はこの鉱山も閉鎖されました。

開眼寺周辺は、現代でも遠景写真にあるように、国道、鉄道や高速道路がすぐ近くを通っていて、長野—松本間の交通の要衝であることに変わりありません。交通手段は技術の発展とともに変わってきましたが、交通網は現在でも地形に大きく影響されていることがよくわかります。

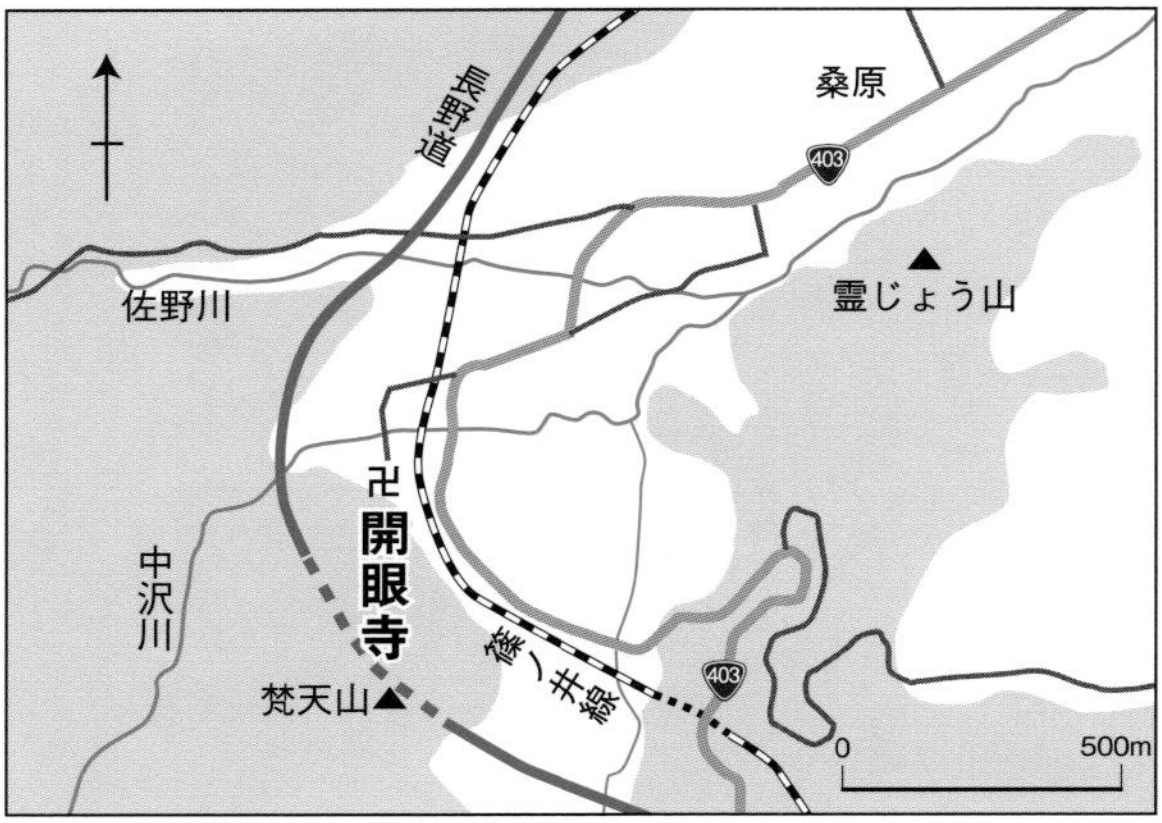

周辺図

現住職の柴田文啓師は、大手電機メーカーの米国現地法人の社長を定年退職後、仏門に入った方です。しばらくの間無住であった開眼寺の住職として勤めています。住職が常住することになって、境内が整えられました。たくさんの人や企業から浄財を募り、座禅堂を建て、広く参加を呼びかけて座禅指導をし、さまざまな社会活動を続けていることでもよく知られています。

〈塚原弘昭〉

開眼寺　後ろは山に　前はよし
北を流るる　志川《しかわ》なるらん

# 恵日山 開眼寺

ご本尊：聖観世音菩薩
宗　派：臨済宗妙心寺派
住　所：千曲市八幡中原57
連絡先：026（272）5019
朱印所：寺務所

江戸時代の1651（慶安4）年に松本にあった水野家ゆかりの乾瑞寺（明治の廃仏毀釈により廃寺）の龍天登大禅師が、その末寺として開山した。その後、旧家和田氏により、1829（文政12）年、堂宇が修復された。現在、本山妙心寺の直末寺である。

本尊は江戸時代初期に彫り上げられた、一木造りの金色の像で、厨子《ずし》を開けると災いが起こると言い伝えられた。信濃三十三番札所の中で唯一の北向きの観音で、秘仏とされ「日不見《ひみず》の観音」と呼ばれてきた。現在は、元旦と開山忌法要日（8月3日）に限って開帳される。観音堂内には、小泉淳作画伯による大きな雲竜図がかけられている。

## アクセス

更埴ICから千曲市稲荷山・姨捨方面に15分。駐車場は参道口。

14番

# 姨捨山《おばすてやま》 長楽寺《ちょうらくじ》

千曲市

姨石と長楽寺観音堂

## 観音堂脇の巨岩「姨石《おばいし》」

ＪＲ篠ノ井線姨捨駅から、ＪＲ日本三大車窓の１つである善光寺平を一望する眺めを楽しみながら、10分ほど歩道を下ると長楽寺に到着します。そこに高さ20ｍほどの巨岩、「姨石《おばいし》」が立っていて、その姨石に沿うように観音堂が建っています。

ごつごつして、ところどころに草の生えた巨大な姨石と、その脇に建つ観音堂は、周囲の木々の緑と調和して、心を落ち着かせ、願いごとをかなえてくれそうな風景をつくっています。この巨岩がなければ、ここに観音堂や寺院を建てようとする僧はあらわれなかったかもしれません。ここは、松尾芭蕉があこがれの地として来訪し「更科《さらしな》紀行」を著したことでも知られています。

この姨石の頂上へは、裏側から石段で比較的楽に登ることができます。岩肌を間近で見ると、数センチから、数十センチほどの角張った石が固く接着してできた岩だとわかります。さらによく見ると、個々の石はジグソーパズルをはめ込んだように、隣り合った石の外形がぴったり合うものが多くあります。角張った石は、溶岩が地表で冷えて固まってできた石で、冷えるときに割れ目が入ったものの、バラバラにならずに、その場でしっかりと固まってしまったものです。姨石はそんな石(安山岩)が集合した岩ですから安山岩質火山角礫《かくれき》岩です。

姨石の頂上。中央の最遠方は長野市街地

## 姨捨の棚田は地すべりした土でできている

孤立した大きな岩がここにあるのはなぜでしょうか。長楽寺周辺の地形や地質を見てみましょう。高いところから見渡すと、棚田になっている斜面の裾部分、棚田地域の境界付近には帯状に木が茂っています。そこは、斜面が急で田にすることができず、現在は水路などとして使われています。地すべりでできた典型的な地形です。過去に、地すべりが発生し、それが止まったときの土砂の先端が、現在は木の茂っている地帯です。こんな地帯

長楽寺と棚田地域

があちこちにあります。地すべりが何回も起きた証拠です。

姨捨駅の南西２・５㎞にある三峯山《みつみねさん》の山頂直下には、姨捨側に開いた半円形（直径約１㎞）の崖があり、崖に囲まれた地域はくぼ地（平地）になっています（現在ゴルフ場）。約40万年前に、三峯山の姨捨側への大崩壊（地すべり）が、ここを出発点として発生したことによるものです。その後、この大きな地すべり地の中では大小の地すべりが多数発生しました。現在、地すべりは停止していますが、更級川下流でのボーリング調査では、約３０００年前と１万３０００年前に地すべりがあったことが判明しています（地すべり範囲は不明）。

姨石は地すべり地域の中にあり、岩質も三峯山の頂上付近の岩質（５００万年前ごろの溶岩などでできた地層）と同じなので、この巨岩は地すべりで運ばれてきたものに違いありません。

この地で特別おいしい米ができるのは、地すべりによって地表の土壌と粘土が深部まで練り込まれているからといわれます。地すべりは嫌われものですが、私たちの心を休める景色をつくり、米作りに適した豊かな土壌をもつくっているのです。

〈塚原弘昭〉

音に聞く 姨捨山を 来てみれば
月の都は ここにこそあれ

# 姨捨山 長楽寺

ご本尊：聖観世音菩薩（通称・姨捨観音）
宗　派：天台宗
住　所：千曲市八幡4984
連絡先：026（273）3578
朱印所：寺務所

本尊の聖観音は中国の善導大師の作と伝えられる秘仏である。寺は、一説には元禄年間（1688〜1704）に八幡神宮寺別当の常栄が建立したと伝えられる。

明治の廃仏毀釈《はいぶつきしゃく》では、一時、廃寺とされた。この地は、古くから月の名所として知られ、平安時代の『古今和歌集』にも詠まれている。多くの文人墨客が訪れており、松尾芭蕉は「更科紀行」を著し、安藤広重は「田毎《たごと》の月」を描き、小林一茶が訪ねたことでも知られ、境内には碑がたくさん立てられている。

ここから見る棚田、月、千曲川は素晴らしく、国の「重要文化的景観」に指定されている。

## アクセス

更埴ICから千曲市姨捨方面に15分。駐車場は参道口。

15番

# 富蔵山《とくらさん》 岩殿寺《がんでんじ》

筑北村

岩殿寺遠景

## 褶曲《しゅうきょく》構造で変わる地層の傾き

筑北村坂北にある岩殿寺は、ＪＲ篠ノ井線坂北駅の西北西２㎞ほどに位置します。県道55号から少し南に入ると、静かな田園風景が広がります。お寺は、別所川の河岸段丘の面に建てられています。この付近には別所川の蛇行でえぐられた崖が至るところにあり、新第三紀（約１２００万年前）の青木層の砂岩・泥岩層が露出しています。そして山に目を転ずると、アカマツ林を透かして白い荒涼とした岩がむき出しの急崖も見つかります。こちらは、近づいてみると礫《れき》まじりの厚い砂岩層で、青木層の上位に重なる小川層です。

また、このあたりの地層の傾いている方向を調べると、場所によって異なっていることに気づきます。坂北駅近くでは地層

奥の院と「蜂の巣状風化」が見られる砂岩

はほぼ水平もしくは西にゆるく傾いています。ところが岩殿寺南方の別所川周辺では東傾斜、県道55号に沿って岩殿寺から西の差切峡《さしきりきょう》方面へ行くと西傾斜に変わっています。これは、この地域にほぼ南北にのびる褶曲した構造があるため、地層が波打っているからなのです。それぞれの褶曲には名前があり、野間背斜《はいしゃ》、七ツ松向斜《こうしゃ》が並走しています。背斜は地層が上に凸、向斜は下に凸にたわんでいるところで、このような変形を生み出す変動のダイナミックさが感じられます。

ところで、岩殿寺の南西には標高１００７ｍの岩殿山《いわどのやま》がありますが、この北側の標高９００ｍ前後の稜線《りょうせん》は同寺を中心とする修験道《しゅげんどう》の地として古くからあがめられていました。岩殿寺から寺沢に沿った林道を登っていきます。途中、野間背斜を横切ると、地層の傾きがそれまでの東傾斜から西傾斜に変わるのを見ることができます。林道沿いは、青木層の砂岩・泥岩層が続きますが、登山道に入ると小川層の砂岩、礫岩《れきがん》に変わります。巨礫をまつった九頭竜社や雷神社、修験者の墓である五輪塔などを見ることができます。

# 蜂の巣状風化が見られる奥の院

尾根にある奥の院(三所権現)は、巨大な岩壁に包まれるようにして祠《ほこら》が建てられています。背後の岩は蜂の巣状に穴が開いた、風化が進んだ小川層の砂岩です。また、風化によって複雑にえぐられた砂岩中のラミナ(葉理《ようり》)がまるで水墨画のように見え、奇妙な場所に来たような感じがします。

稜線近くはどこも硬い砂岩や礫岩が出っ張り、泥岩の部分は風化してえぐられるため奇峰・奇岩が多く、侵食されやすさの違いでできる独特な風景となっています。そして地層が西傾斜のため、東側は急崖になり、西側には層理面に沿ってはがれ落ちるように侵食され、長大なすべり台のような面が露出します。

山稜部では北アルプスを眺められるのですが、切り立った細い稜線もあり、岩場を回避して巻く道を探しながら登ることになるので、登山する際には十分な注意が必要です。

〈小林和宏〉

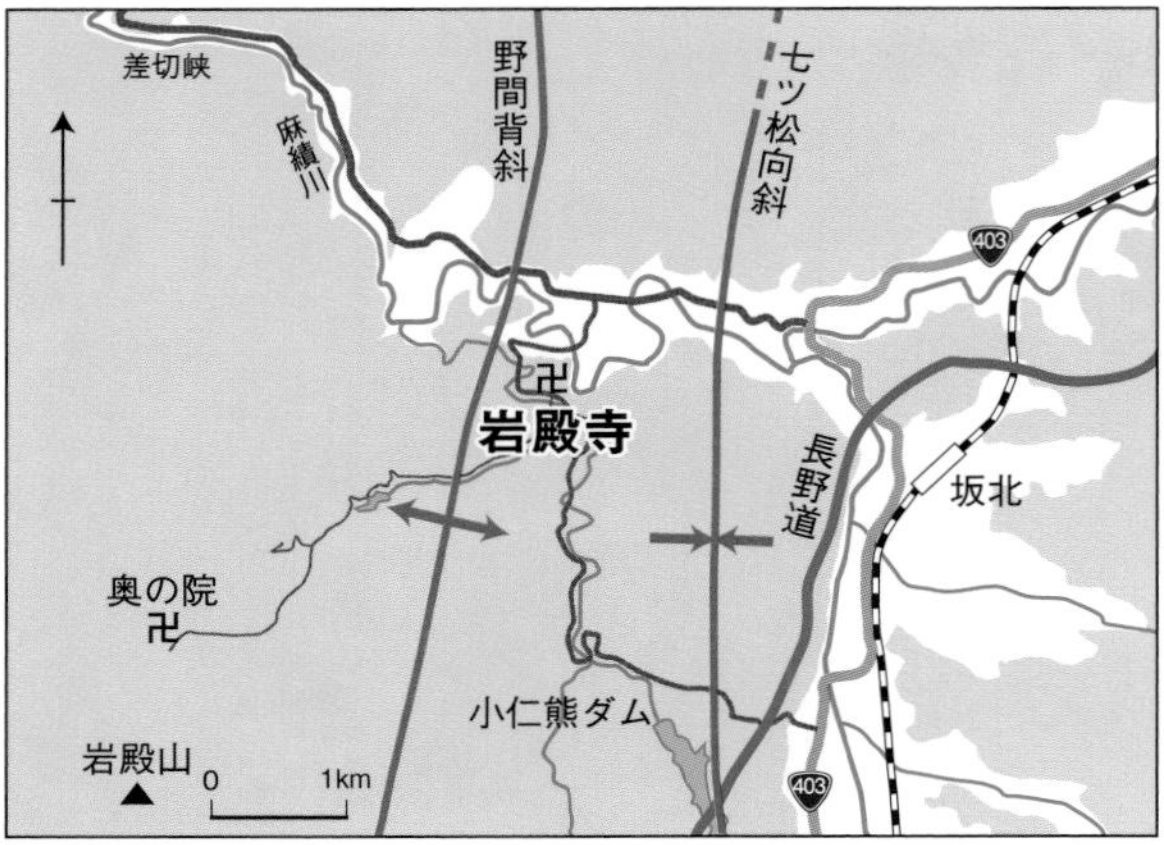

周辺図

罪科《つみとが》も 露《つゆ》と消えなむ 岩殿《いわどの》の
松吹く風も 御法《みのり》なるらん

# 富蔵山 岩殿寺

ご本尊：馬頭観世音菩薩
宗　派：天台宗
住　所：東筑摩郡筑北村坂北13505
連絡先：0263(66)4036
朱印所：寺務所

寺伝によると、岩殿寺は奈良時代に学文行者により開山され、848（嘉祥元）年に延暦寺の慈覚大師により再興された。

中世の岩殿寺は、修験寺として数か所の支院をもつ大きな寺であり、戸隠と関係の深い寺でもあった。武田信玄の信仰も厚く、寺紋に武田菱を賜っている。江戸と昭和の大火災で本堂と仏像の大部分は焼けたが、焼失をまぬがれた支院の中願寺（明治に廃寺）の鎌倉期の本尊（大日如来）は重要文化財。

近世の馬頭観音信仰の広まりとともに、馬の守護寺として、江戸時代には甲州などからもたくさんの参詣者が来寺したという。現在、参道には馬頭観音石仏もまつられている。

## アクセス

麻績ICから筑北方面に15分。駐車場は参道口。

# 16番

# 阿弥陀山《あみださん》 清水寺《せいすいじ》

## 長野市

本堂西にある奥院観音堂に上がる参道

### 大日堂や三重塔があった保科観音

長野市若穂川田から菅平《すがだいら》に通じる中世の官道・保科道の途中に清水寺があります。清水寺は奈良時代に行基《ぎょうき》により開かれ、平安時代に坂上田村麻呂《さかのうえのたまむらまろ》が蝦夷《えみし》との戦いの帰りに社殿を建立し、８０６（大同元）年に落成したと「清水寺縁起」にあります。江戸時代に信濃三十三札所が創設されたときには、16番札所の京都・清水寺《きよみずでら》にならい信濃16番札所になったとのことです。

道沿いに山門、本堂があり、その横から裏山に向かって登る参道が整備されています。参道はしだいに坂道になり、石段は途切れて自然石が目立つようになります。参道の途中には、鎌倉時代建築の三重塔と大日堂の跡があります。『保科誌』

参道の途中にある大日堂跡

によれば、寺がもっとも栄えた鎌倉時代には参道沿いに33の宿坊があり、人びとでにぎわったとのことです。しかし、残念なことに1916(大正5)年の大火で全山が焼失してしまい、現在見られる建物はこのとき以降に復元されたものです。

## 県内では珍しい玄武岩溶岩を利用

途中の参道の石や三重塔・大日堂の礎石には、緻密《ちみつ》で暗緑色の玄武岩《げんぶがん》が多く見られます。

清水寺がある保科川と須坂市の百々川《どどがわ》にはさまれた山塊は、長野県では珍しい約1600万年前の玄武岩でできています。玄武岩は火山から噴出した溶岩ですが、安山岩よりももっと石英分が少ないものです。須坂市井上や長野市若穂綿内大柳では、噴出した玄武岩マグマが水中で冷え固まった証拠といわれる枕のような形をした溶岩が見られ、県の天然記念物に

地元の保科玄武岩が使われた礎石

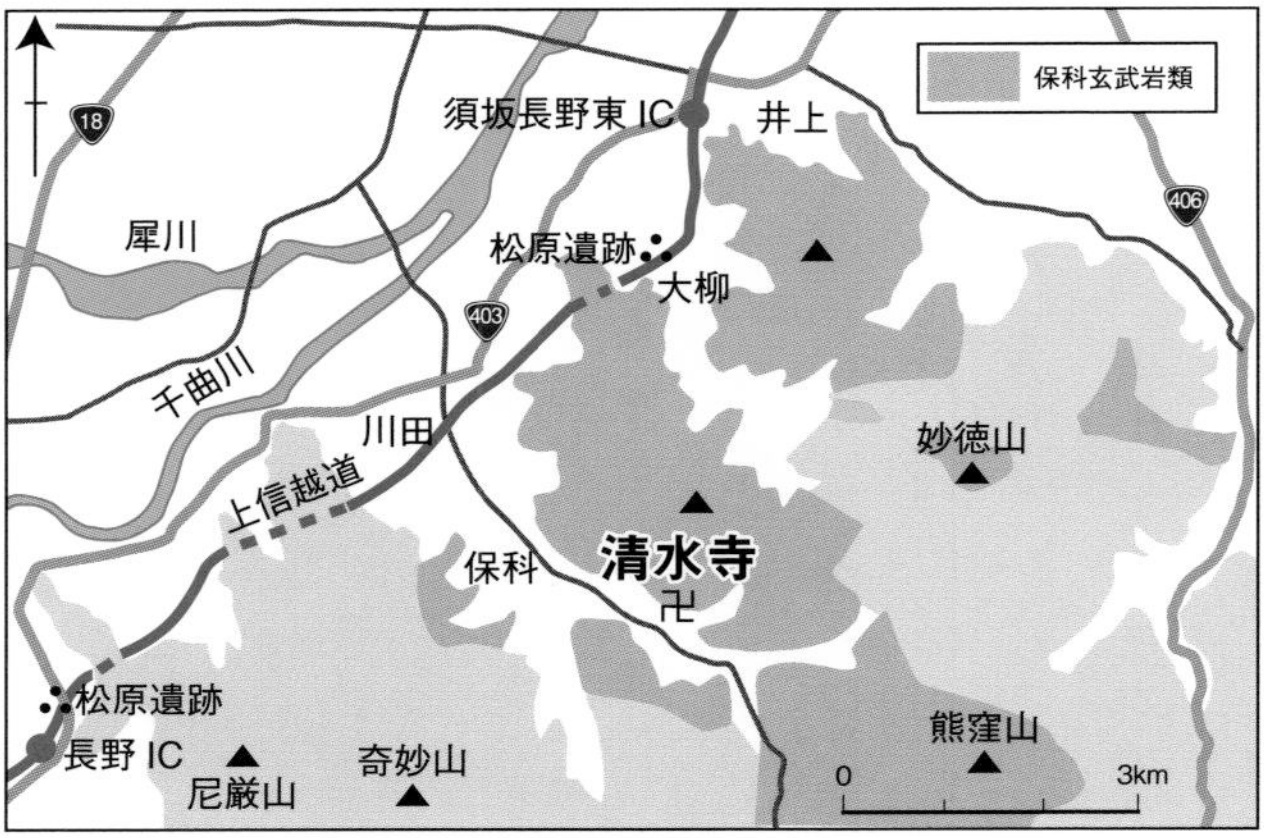

周辺図

なっています。全体的に変質して緑がかった色をしていることが特徴です。

　この岩体の中には、一部に結晶の粒が粗くて細長い斜長石が放射状に角閃石《かくせんせき》の中に入り込み丈夫な組織になっている輝緑岩《きりょくがん》(粗粒玄武岩)が見られます。ふもとの高速道用地にある弥生時代中期の榎田《えのきだ》遺跡では、この輝緑岩を材料にして磨製石斧《せきふ》が大量につくられていました。保科の石を使った石斧は、長野市近辺だけでなく遠くは石川県や神奈川県などにも運ばれたとされており、約2000年前に石器を使った最後の人びとにとっては大変大切な石だったようです。

〈中村由克〉

かりそめも　にごる心を　求むなよ
影清水《かげきよみづ》に　月は澄みぬる

# 阿弥陀山 清水寺

ご本尊：千手観世音菩薩（通称・保科観音）
宗　派：真言宗智山派
住　所：長野市若穂保科1949
連絡先：026（282）3701
朱印所：寺務所

742（天平14）年、行基の創建で、延暦年間（782〜806）に坂上田村麻呂が開基となり社殿を建立したとされる。規模が大きく荘厳な観音霊場で、室町時代には大日堂や三重塔など7堂伽藍《がらん》、33坊を連ねる一大霊場であった。江戸時代には松代藩の由緒寺院として保護された。

1916（大正5）年5月、保科村の大火の際に清水寺の伽藍も焼失した。その後、本堂は再建され、奈良県石位寺からもたらされた約20体の仏像が安置された。本尊は行基が自ら刻んだ3体の千手観音のうちの1体。現在はぼたんと紅葉の名所としても広く知られている

## アクセス

須坂長野東ICから長野市若穂方面に15分。駐車場は山門前道路の反対側。

17番

福壽山《ふくじゅさん》 関昌寺《かんしょうじ》

筑北村

関昌寺遠景

## 尾根を切り開いた「青柳の切り通し」

福壽山関昌寺は、ＪＲ篠ノ井線坂北駅の南約２㎞の線路脇にある曹洞宗の禅寺です。現在は無住寺で、北東約２㎞の碩水寺《せきすいじ》が管理しています。まわりは田んぼが広がり、北に聖山を望むのどかな場所です。

関昌寺から北約２・４㎞のところに青柳集落があります。青柳は善光寺街道の宿場として栄えていました。いまでも本陣問屋が残り、通りに面した家の造りは、当時の面影を残しています。傾斜地であるため石垣が多く、その石垣の真下をくりぬくようにして水路が通るという珍しい構造が見られます。

この集落を抜け、さらに北の山あいに入ると、「青柳の切り通し」と呼ばれる名所にたどり着きます。尾根の部分を切り開いて道路を通したため、人馬は難なく山越えができるようになり、隣の麻績《おみ》宿まで短距離で結ばれました。ここは長さ約26ｍ、高さは約６ｍあります。車１台が通れるほどの幅しかありませんが、手掘りで開削したため、ノミの跡が残っています。複数の時期に分けて開削されたため、ノミの痕跡も異なっています。また壁には観音像や碑文なども刻まれています。

ノミの跡が残る青柳の切り通し

## 化石や亜炭を産する小川層の砂岩

さらに北へ行くと、もう１つ小さな切り通しがあります。２つの切り通しをつくっている地層は小川層の砂岩で、それほど硬くないことから、人力でも削れたのでしょう。この地層はゆるく北に傾く程度で、このあたりに広く分布しています。よく見ると植物片が密集した部分が亜炭になっていたり、斜交葉理《しゃこうようり》になっていたりするところも見られます。

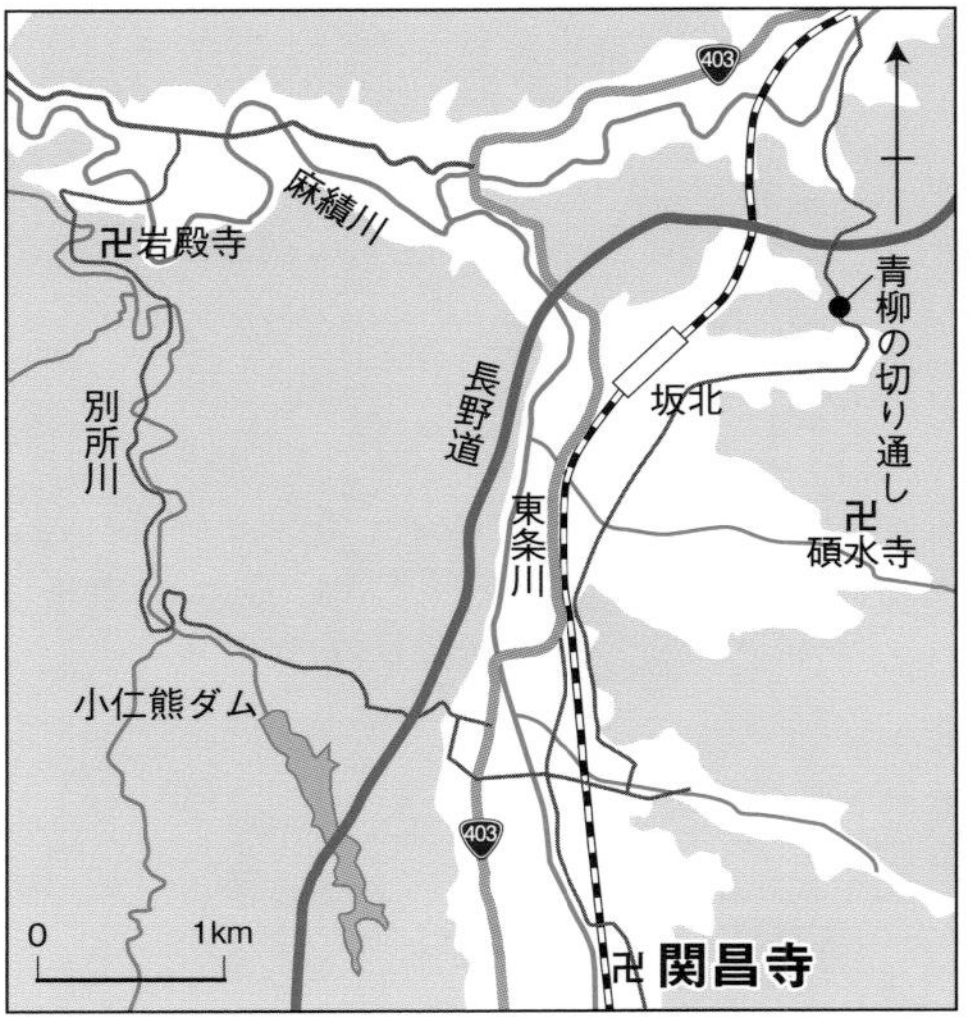

周辺図

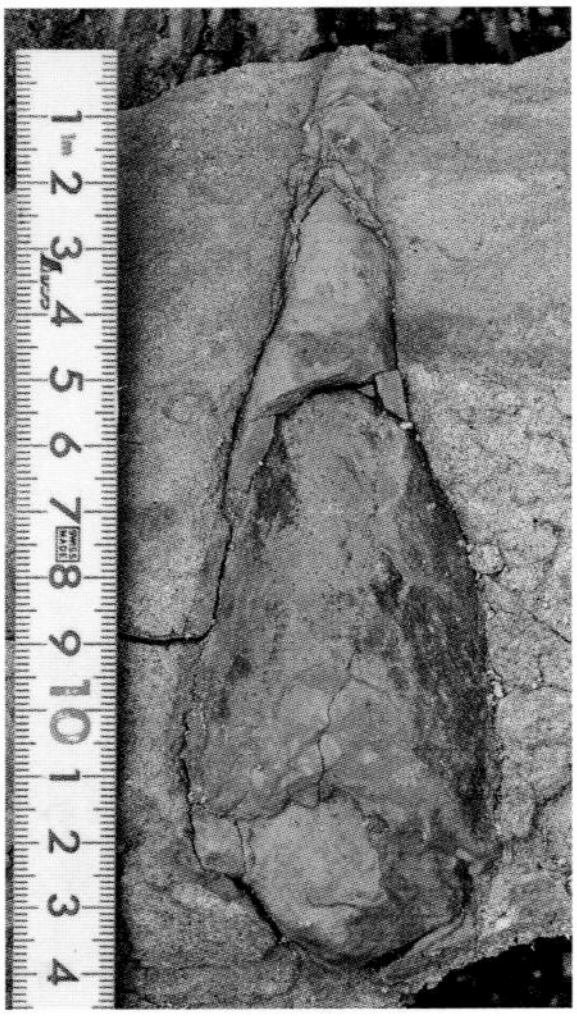
しずく状の巣穴化石

長野自動車道は小川層の山地を開削してつくられました。さらに西の別所川周辺まで車で足をのばすと、しずく状の巣穴化石や海底にすむ生物が動き回ることで地層をかき乱した跡なども見ることができます。約1000万年前の信州の海がしだいに南方から隆起し、埋め立てられていった様子を想像しながら見てください。

また、ここで採掘された亜炭は、岡谷・諏訪の製糸工場で使われるようになり、1902(明治35)年に西条駅から塩尻まで篠ノ井線が開通すると、岡谷駅の着炭量の7割を占めるほどになりました。西条駅には貯炭場、繁華街もできました。現在では採掘していませんが、坑口は草むらにいくつか残っています。

〈小林和宏〉

昔より 大悲《だいひ》の御影《みかげ》 今見《いまみ》堂
後世《ごせ》こそ大事 助け給へや

# 福壽山 関昌寺

ご本尊：十一面観世音菩薩（通称・正命観音、今見堂観音）
宗派：曹洞宗
住所：東筑摩郡筑北村東条405
連絡先：0263（66）2138（碩水寺）
朱印所：碩水寺（筑北村坂北1044―1）

関昌寺は1688（元禄元）年、戦国期の青柳城主の末裔《まつえい》により開基された寺で、真言宗であったとされる。しかし、1789（寛政元）年に焼失、2年後に曹洞宗の寺として笑顔梅舜大和尚により中興された。

本尊の十一面観音は関昌寺の近くにあった観音堂の本尊であったが、明治の廃仏毀釈《はいぶつきしゃく》で廃寺となり、関昌寺に移された。大正時代に、すぐ脇を通る篠ノ井線の蒸気機関車が出した火の粉によって、関昌寺は火災にあうがすぐに再建されている。

関昌寺は碩水寺の末寺にあたり、現在は碩水寺が納経所となっている。寺には1升の豆を奉納して祈願すれば一生まめで暮らせるという言い伝えがある。

## アクセス

麻績ICから筑北方面に15分。駐車場は寺墓地前と境内脇の集会所前。

# 18番

# 金峯山《きんぽうざん》 長谷寺《はせでら》

## 長野市

長谷寺仁王門

### 長野盆地西縁のゆるい斜面に位置

古くからの霊場である長谷寺は、長野盆地の南西部、ＪＲ篠ノ井線稲荷山駅の南西約８００ｍの篠山東麓に建てられています。大和、鎌倉の長谷観音と並び日本三大長谷観音と呼ばれるこの寺は、善光寺如来のお告げによって大和の初瀬より勧請《かんじょう》したという十一面観世音菩薩《ぼさつ》をまつっています。この観世音菩薩は、７年ごとの善光寺御開帳の翌年に開帳されています。

参道は長野市篠ノ井塩崎から西の方向にのび、ＪＲの踏切を渡るとすぐ仁王門に至ります。仁王門から２８６段の石段を登ると鐘楼門《しょうろうもん》があらわれます。鐘楼門の正面には広場をはさんで観音堂、右側には本堂が建っています。この鐘楼門の建つ場所は、平地から40ｍほど高く、東側正面には長野盆地の南部、右手には千曲市、さらに右には冠着山《かむりきやま》(姨捨山《おばすてやま》)、左手には篠ノ井、松代方面が一望され、見晴らしのいい場所です。参道の周辺には桜の木が多く、春には絶好の桜の名所となっています。

寺は長野盆地の西縁にあたるややゆるい東斜面を利用して建てられ、眼下には、千曲川の氾濫《はんらん》によって形成された平坦な地形が広がっています。低地の千曲川の左岸沿いには稲荷山や塩崎の集落がある自然堤防が発達し、自然堤防と西側山地との間には水田に利用されている後背湿地が広がっています。

鐘楼門に至る気品ある「湯の崎石」の石段

## 周辺の裾花凝灰岩《すそばなぎょうかいがん》を石材として利用

長谷寺周辺の斜面には、約700万年前の中新世の裾花凝灰岩層が露出し、篠ノ井ゴルフ場より高い山地にはそれより新しい鮮新世に噴出した篠山火山岩が分布しています。長谷寺の境内には、石垣、石段、石碑、歌碑など石でできた構造物が多く見られます。これらの石材は、寺周辺に分布する裾花凝灰岩層の岩石が使われています。

観音堂は、1713(正徳3)年に再建され、きちんと整形された高い石垣の上に建てら

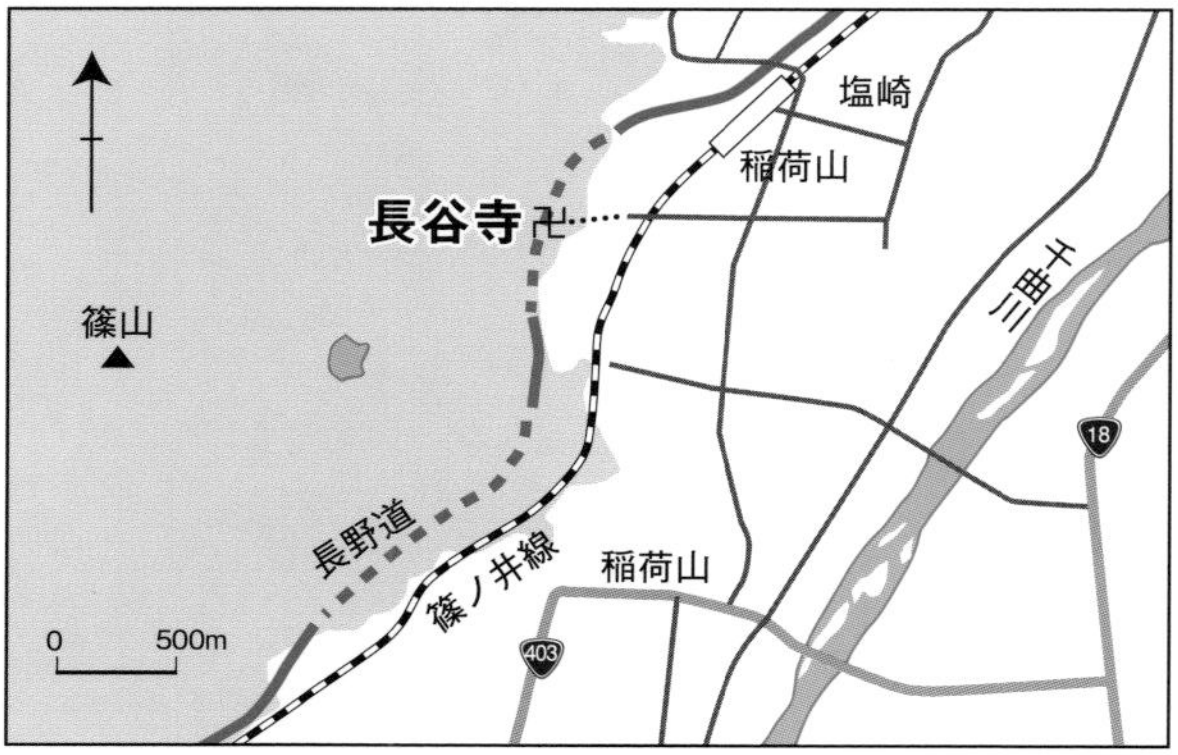


周辺図

れています。この石垣には、寺の周辺に露出する少し風化した黄灰色～黄白色を示す凝灰岩の硬い部分が利用されています。この石は石碑や歌碑などにも使われています。仁王門から鐘楼門に至る２８６段の石段や門の土台は、観音堂の石垣とは異なる堅固な岩石からできています。石段の石材の表面には、切り出しのときにきれいに整形したノミの跡が残っていますが、規格がそろい、由緒ある寺にふさわしい落ち着いた石段となっています。この濃い灰色をした石には、石英の結晶がたくさん含まれ、太陽光が当たった部分はキラキラ輝いています。石段に利用された石材は、長谷寺から１kmほど南の稲荷山湯の崎付近から採掘された裾花凝灰岩層に含まれる流紋岩《りゅうもんがん》です。かつてこの石は「湯の崎石」と呼ばれ、大正時代は鉄道用材としても切り出されていました。湯の崎の周辺には、採掘された跡がいまでも残されています。

このように長谷寺は、展望のきく自然の地形をうまく活用した場所を選び、地の石材を有効に利用して古刹《こさつ》としての風格をもたせて建立されていることがわかります。

〈赤羽貞幸〉

初瀬寺《はつせでら》　松の葉ごしの　影よりも
遠《とを》に見えゆく　とをの山寺

# 金峯山 長谷寺

ご本尊：十一面観世音菩薩（通称・人肌観音、長谷観音）
宗　派：真言宗智山派
住　所：長野市篠ノ井塩崎878
連絡先：026（292）2102
朱印所：寺務所

大和、鎌倉と並ぶ日本三大長谷寺の1つで、善光寺詣での帰りには必ず立ち寄ったといわれる。平安時代末に記された「信濃国更級郡新長谷寺」には舒明《じょめい》天皇の時代（629―641）に白助翁《しらすけ》により創建されたとある古刹《こさつ》。1181（養和元）年の横田河原の戦いで、木曽義仲に焼き打ちされている。その後、1290（正応3）年、久明親王が真海上人を中興開基として執権北条貞時に再興させた。現在の観音堂は1713（正徳3）年に再建したものである。二層造りの楼門《ろうもん》にはたくさんの彫刻が彫られており、楼門の向こうには高い石垣がそびえ、その上に観音堂が建てられている。

8月9日の夜には、長野市の無形民俗文化財でもある雨乞い行事、三十三献灯籠が毎年おこなわれている。

## アクセス

更埴ICから千曲市稲荷山方面に10分。駐車場は参道沿い。

19番

# 小菅山《こすげさん》 菩提院《ぼだいいん》

飯山市

観音堂と断層活動でできた講堂手前の平地

## 参道途中の平地はなぜできたのか

飯山市小菅《こすげ》の集落は、石や砂で埋められた谷の斜面にのっています。表参道は斜面をまっすぐ山に向かう上り道です。参道を登っていくと、傾斜が急にゆるくなり、バスが何台か止められるほどの広場が左手に広がります。広場の奥には講堂が見えます。参道を登り進むと、傾斜が急にきつくなります。左手に菩提院が見え、その左手奥に観音堂があります。さらに上ると、人家のきれたところに、かつて中心寺院であった大聖院（元隆寺）の石垣と護摩堂《ごまどう》跡があり、ここから山道に入り小菅神社奥社へと続きます。15世紀には、ここに大聖院を中心に、37坊、修験者・僧侶３００人が修行をしていたと伝えられます。

この傾斜のきつい参道の途中に、なぜバスが何台も止まれる平地

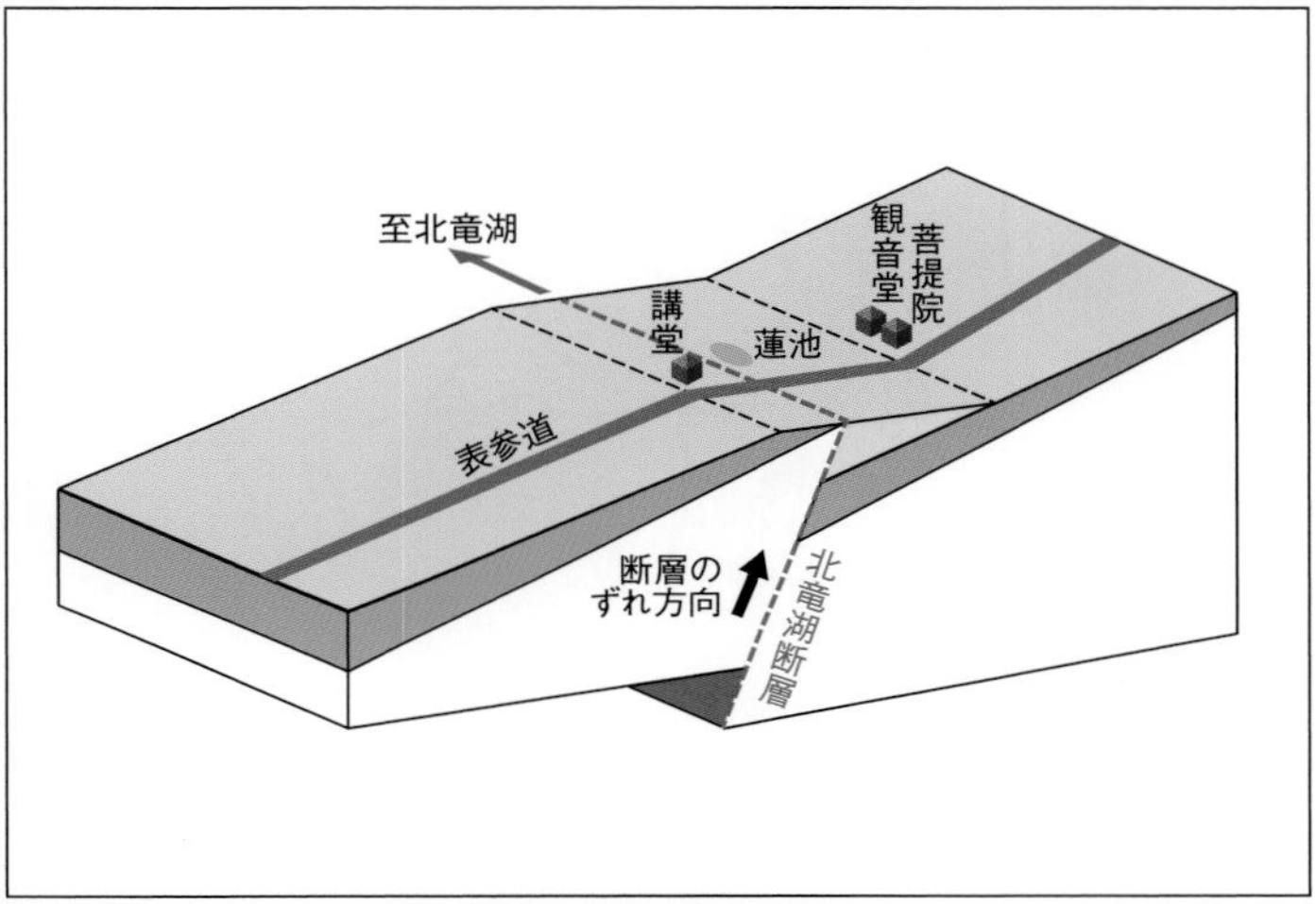

小菅断面図

があるのでしょう。ここには、参道にほぼ直交して北竜湖断層という活断層が走っていて、この活断層がずれるときには、谷川の下流側の地面をずり上げるように動き、大きな地震を発生します。何十万年もの間に、何十回も動いたので、断層が参道を横切る付近で傾斜がゆるくなり、平地ができ、さらには逆傾斜にまでなって、水がたまるところもでてきました。その1つが蓮池《はすいけ》です。南竜池跡も昔は水がたまって湿地でした。さらに北の北竜湖も同じ成因です。

この地は、谷川沿いで水が豊富であったうえに、この断層活動により傾斜がゆるくなっていたため、修験者たちをはじめ多数の人が住み着くことができたのではないでしょうか。さらに、石森俊孝住職によれば、ここから参道の下り方向正面に、霊峰妙高山が座っている景色が、この地を霊場と考える多数の修験者たちを集めたのではないか、と論ずる人も多いとのことです。

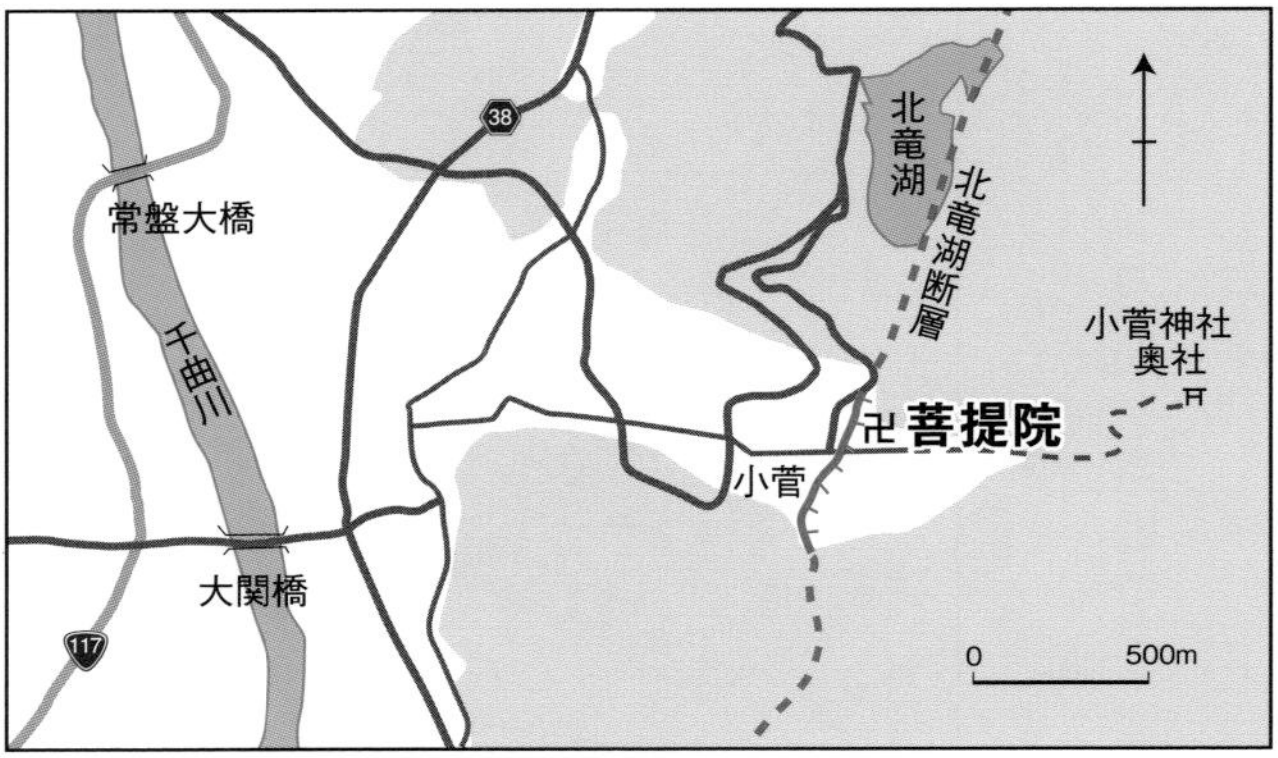


周辺図

## 北竜湖断層は長野盆地西縁活断層帯の一部

北竜湖断層は善光寺地震（１８４７年、マグニチュード７・４）を起こした長野盆地西縁断層帯の北端にあたる活断層の１つです。長野盆地西縁断層帯の本体は、１０００年に一度程度の頻度で大地震を起こしてきました。まだ１７０年経過しただけなので、当分の間断層は動かないだろうといわれています。長野盆地西縁断層本体が１０００年に一度なので、そこから派生した断層である北竜湖断層の活動頻度はもっと少なく、数千年に一度だろうと推察されます。

しかし、北竜湖断層は善光寺地震のときには活動した形跡はないので、北竜湖断層の活動にはまだ十分時間があるといっていいのかどうかわかっていません。

〈塚原弘昭〉

小菅寺《こすげでら》 南を見れば あづまやの
誓《ちかひ》を頼み 願ふ後《のち》の世

## 小菅山 菩提院

ご本尊：馬頭観世音菩薩
宗　派：真言宗智山派
住　所：飯山市瑞穂7082
連絡先：0269(65)3406
朱印所：寺務所

小菅山は戸隠、飯綱とともに北信三山と呼ばれた修験霊場の1つで、中世には37坊300人が修行をしていた。1561（永禄4）年の川中島の合戦で修験場と伽藍《がらん》は焼失するが、1591（天正19）年に上杉景勝《かげかつ》によって修造される。

現存する寺院は菩提院のみで、小菅山の桜本坊を前身とする。観音堂は菩提院本堂の北にある。弘法大師作と伝わるご本尊の馬頭観音は、片膝《かたひざ》を立てて座っている姿である。馬頭観音特有の憤怒《ふんぬ》の形相だが、すさまじい。歴史ある観音堂の壁には、巡礼者によるたくさんの壁書が残っており、貴重な資料ともなっている。

### アクセス

豊田飯山ICから戸狩野沢温泉方面に20分。駐車場は本堂隣と観音堂前。

20番

# 鷲峯山《しゅうほうざん》 長安寺《ちょうあんじ》

松本市

岩井観音堂参道

## 岩に彫られた磨崖仏

長安寺はかつての善光寺街道の宿場町・会田宿《あいだ》にあり、1278（弘安元）年に鎌倉建長寺から蘭渓道隆《らんけいどうりゅう》（大覚《だいかく》禅師）を招いて開いたと伝わっています。老朽化によって2013（平成25）年に本堂は解体されたため、その面影を見ることはできません。

長安寺の跡地のすぐ近くには松本市を代表する中世の遺跡である殿村遺跡があります。この遺跡からは15世紀につくられた高さ1・2ｍ、長さ30ｍにおよぶ古式の石積みなど、室町時代の造成跡が見つかっており、大規模な施設が計画的につくられていたことがわかっています。周辺には長安寺を含め現在も多数の寺社があり、この造成跡も寺院などの宗教施設と関係する可能性が高いと考えられています。

砂岩と礫岩の崖

磨崖仏地蔵尊

観音堂は長安寺から北へ約1・5km離れた場所にあります。「岩井堂観音登口」の道標から林の中の登山道を5分ほど登ると岩陰にお堂があらわれます。観音堂周辺の岩山には多数の石仏が点在しており、観音山周辺石造物群として松本市指定の重要文化財になっています。この石造物群には百体観音と呼ばれる石仏のほかに、県内でも珍しい11体の磨崖仏《まがいぶつ》(岩肌に直接彫られた仏や菩薩《ぼさつ》)があります。観音堂のまわりの岩肌に目をこらすと、高さ210cmほどもある地蔵菩薩が彫られています。また大黒天は160cmほどの大きさがあり、弘法大師が爪で彫ったとも伝えられています。

## 浅い海や浜辺にたまった地層が分布

さてこの岩肌をつくる岩石はどのようなものでしょうか。お堂のまわりの岩石は表面が風化しており、どんな岩石なのか少々わかりにくいですし、石造物を壊してしまっては大変ですのでハンマーで割って観察することもできません。お堂を訪れる際にはぜひ観音堂へ至る手前の脇道に寄ってみてください。林の中を少し進むと視界が開け、目の前に砂岩と礫岩《れきがん》が織りなす崖が広がります。高所恐怖症の方にはお勧めできませんが、高さ数十メートルにわたるこの崖は、小川層差切《さしきり》部層と呼ばれる地層からなります。いまからおよそ600万年前から400万年前（新生代中新世〜鮮新世）にかけて浅い海から浜辺のような環境にたまった砂や礫でできた地層です。近づいて観察してみますと、かつての水の流れによって堆積した礫が砂の中に模様をつくっていたり、波の動きによってできた砂の模様を見たりすることができます。崖全体では厚い砂岩層が目立ちます。この厚い砂は嵐のときなどに起きた荒い波の動きによって、海底の堆積物が大きく動かされてたまったものだと考えられます。層が厚く、砂粒の大きさもそろっているので、磨崖仏が彫りやすかったのではないでしょうか。

数百万年前の海に堆積した地層が隆起してできた岩肌に、人びとの祈りの対象となる地蔵や仏が彫られているのです。行基《ぎょうき》菩薩や弘法大師の伝説も残る古くからの霊場として伝えられていますが、砂岩や礫岩が階段状にきれいな層をなす様子を見ると修行の場として選ばれたのもうなずけます。〈関めぐみ〉

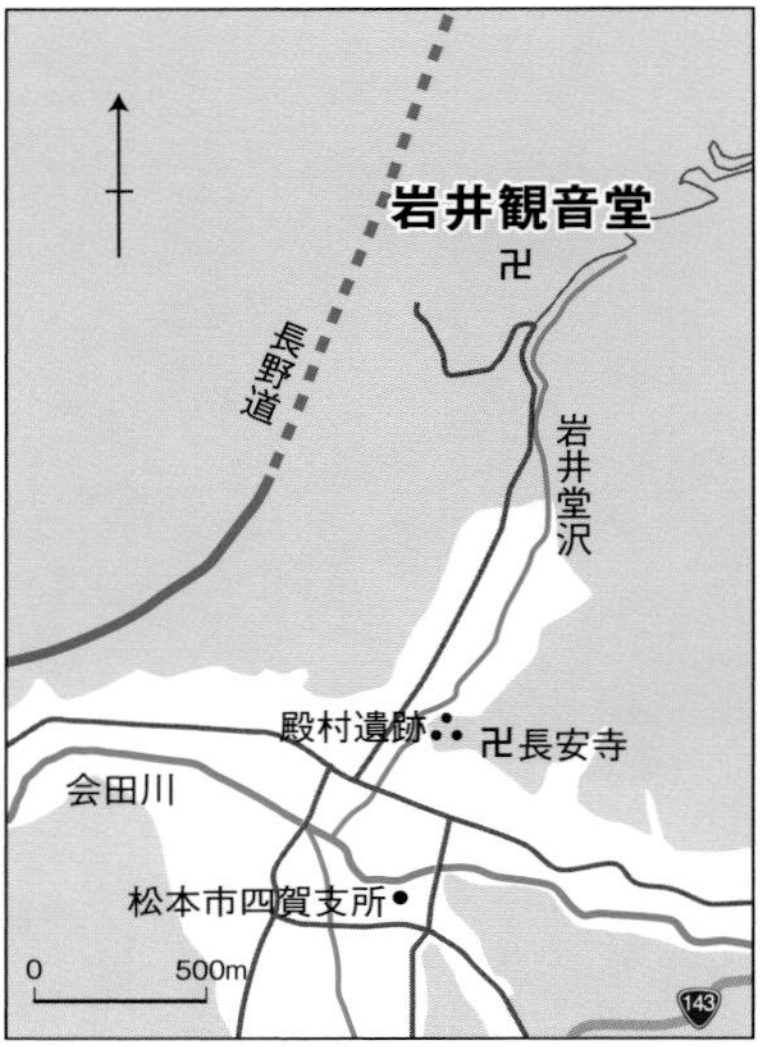

周辺図

岩井堂　岩にぞ御堂《みどう》懸《か》けつくり
谷をへだててうつす水かげ

## 鷲峯山　長安寺

ご本尊：千手観世音菩薩（通称・岩井堂観音）
宗　派：臨済宗妙心寺派
住　所：松本市会田611
連絡先：0263（58）3178（牛伏寺）
朱印所：牛伏寺（松本市内田2573）

長安寺は、旧四賀村錦部（錦織《にしごり》駅）で東山道から分かれた善光寺街道沿いの会田殿村にあり、古くからの交通の要衝の地に位置している。臨済宗の禅寺で、京都妙心寺の末寺にあたる。伝承によれば奈良時代に行基《ぎょうき》が巡錫《じゅんしゃく》した地とされ、自ら刻んだ千手観音を安置したとされる。

ご本尊を安置する岩井観音堂は、長安寺からさらに1・5㎞北の山あいにある。かつては尼寺で、現在は無住である。1889（明治22）年に再建され、立派な瓦葺《かわらぶ》きの入母屋《いりもや》造りとなっている。

### アクセス

安曇野ICから松本市四賀方面に25分。駐車場は参道先道路右。

# 21番

# 小沢山《おざわさん》 常光寺《じょうこうじ》

## 長野市

## 活断層でできた地に建つ寺

リンゴ畑から山麓にたたずむ岡田観音堂を望む

ＪＲ信越線今井駅から市道をまっすぐ西に向かうと岡田川の堤防に突き当たります。通称「岡田の土堤《どて》」に上り、さらに西側の山麓を望むとリンゴ畑が広がる田園地帯の一隅に常光寺岡田観音堂がこぢんまりとたたずんでいます。リンゴ畑を望む山麓に建つ寺院は岡田観音堂だけではありません。その北方約７５０ｍには枝垂《しだ》れ桜で有名な浄土宗光林寺、南方約４００ｍには雪巌山玄峯院などがあり、夕暮れ時には遠く鐘の音が響いてきます。これらの寺は布施氏や武田氏ゆかりの古刹《こさつ》として、岡田村や小松原村の生活と深くかかわってきました。

このように山麓にお寺が並ぶのは、洪水に見舞われる心配がなく集落を見下ろす高所であることが第一の理由と考えられますが、この高所の成り立ちには長野盆地の形成の歴史が深くかかわっています。

## 低地で繰り返された災害

1847（弘化4）年に発生した善光寺地震（マグニチュード7・4）では、光林寺に次のような記録が残っています。「低地にして高地となり、高所にして低地となりしも多かりしが、光林寺門前の如《ごと》き、一反五畝程の沼田なりしかど、これまた地震の為《た》めに張り出して、平地より一丈あまりも高き丘陵となりたりし」。つまり、光林寺付近では沼田の一部が３ｍくらい隆起したことを示しています。善光寺地震は、長野盆地西縁断層帯と呼ばれる飯山市から千曲市に至る長さ57㎞におよぶ活断層の運動によるものでした。盆地の西側が隆起して観音堂が建つ山麓がせり上がり、反対に東側が沈降して低地が形成されました。観音堂の裏山には、もとは低いところにあった土石流堆積物を見ることができます。

光林寺近くの試掘坑の活断層（2006 年、杉戸氏論文より）

さて、観音堂に立って盆地の方向を見ると、ゆるやかな山麓斜面が低地に移り変わり、背後の山地から流下した岡田川が低

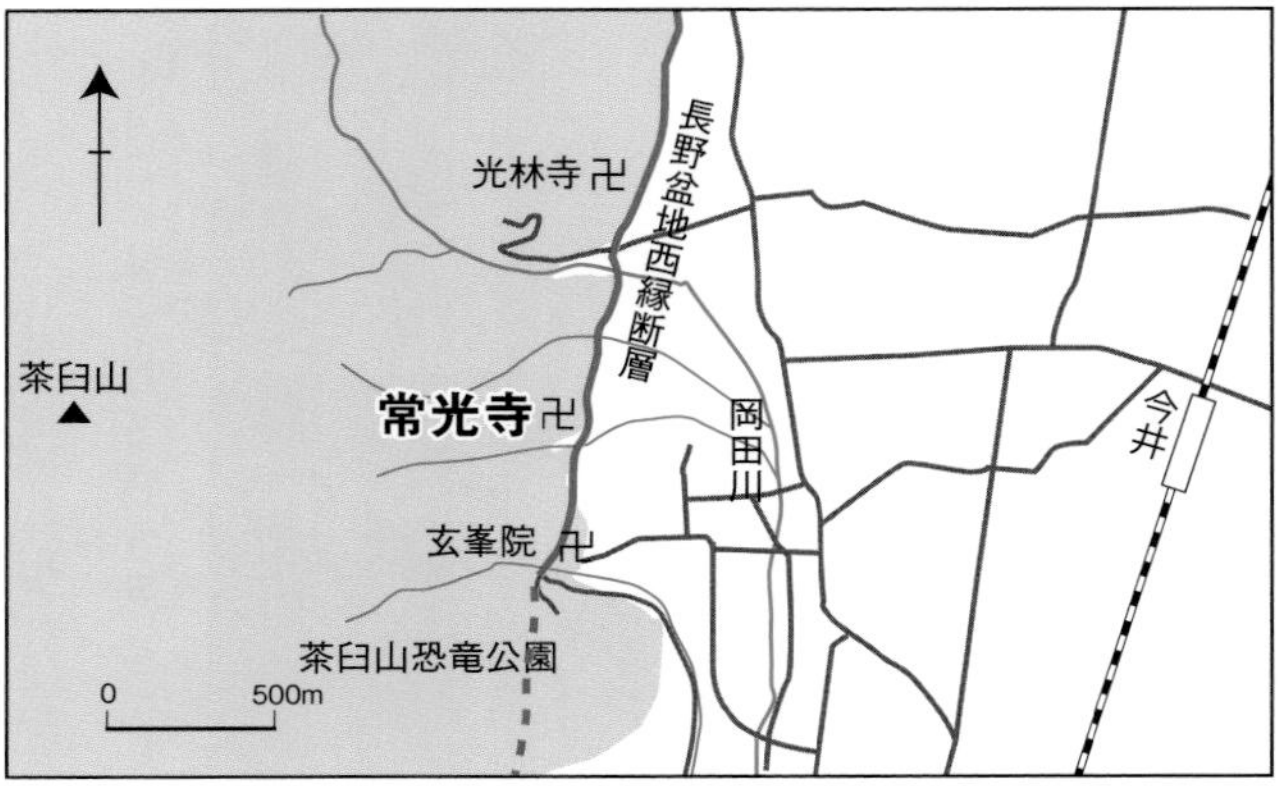

周辺図

地に入って流路を大きく南に替えながら天井川となって流れています。江戸時代までこの地は岡田川が大雨のたびに土石流を引き起こし、ときには犀川の洪水にも見舞われる低い土地であったようです。このような災害の背景には、断層運動による地盤の沈降だけでなく、西側の山地を構成するもろい地質が大きくかかわっています。岡田川源流の茶臼山は、いまから600万年ほど前に海底に噴出した裾花凝灰岩《すそばなぎょうかいがん》層と呼ばれる流紋岩《りゅうもんがん》や凝灰岩からできており、浸食に弱くてもろい岩石です。また、観音堂の南方に位置する茶臼山恐竜公園は、明治時代から動き出した地すべり斜面を利用した公園ですが、この地すべりの引き金が善光寺地震ではないかといわれています。地すべりは裾花凝灰岩とその上に堆積した泥岩層や亜炭層などの固結の進んでいない比較的軟らかい地層で発生しています。

旧洗馬《せば》村（現塩尻市）にまつられていた観音様が、廃仏毀釈《はいぶつきしゃく》により県外を放浪し、数奇な運命を経て信州岡田の地に安座した経緯は、多くの災害に見舞われてきた篠ノ井岡田の過去と未来にかかわる縁起を思わせます。

〈塩野敏昭〉

本山《もとやま》や 常《つね》の光の み寺にぞ
有明月《ありあけづき》に 朝日輝く

# 小沢山 常光寺

ご本尊：十一面観世音菩薩（通称・岡田観音）
宗　派：不明
住　所：長野市篠ノ井岡田裏1243
連絡先：026（293）1947（岡沢様）
朱印所：岡沢様（長野市篠ノ井岡田1710）

小沢山常光寺は、塩尻市宗賀の中山道本山《もとやま》宿にあった真言宗の寺。1681（天和元）年に廃寺となったが、観音堂は村人によって残されていた。しかし、明治維新の折に廃仏毀釈のため廃堂となり、行基作と伝わるご本尊も行方不明となっていた。このご本尊を1876（明治9）年に篠ノ井岡田村の岡沢彦治郎が西国巡礼の途中、名古屋の宿でたまたま同宿した古物商から観音像を買い取り、自宅に持ち帰り安置したという。

1904（明治37）年にリンゴ畑の中に観音堂を建立、1980（昭和55）年に再建され、現在も岡沢家が納経所となっている。

**アクセス**

更埴ICから長野市方面に15分。駐車場は観音堂横。

22番

# 羽広山《はびろさん》 仲仙寺《ちゅうせんじ》

伊那市

左は羽広道、右は善光寺道

## 仲仙寺周辺の2種類の崖

木曽山脈の北部にある霊峰経ヶ岳《きょうがたけ》（2296m）、そのふもとに仲仙寺はひっそりと建っています。平安時代の816（弘仁7）年に比叡山延暦寺の慈覚大師《じかくだいし》により開創された仲仙寺は、古くから「馬の観音様」として親しまれ、馬を連れての参詣が盛んだったといいます。馬の絵馬がたくさん奉納され、特に馬の大群が描かれた大絵馬は迫力があります。

伊那市山寺地区にある伊那小学校は、市街地を見下ろす高台にあります。その登校坂の下、坂下地区が参詣の出発点です。ここは仲仙寺へ参詣する「羽広道」と「善光寺道」の分岐点で、「坂下の辻《つじ》」と呼ばれています。仲仙寺へは

小沢川の断層路頭。断層が何度も動いたことで全体がバラバラに砕けている。

約７kmの道のりで、途中あらわれる丁石をめぐりながらの行程です。坂下の辻から２丁３丁と上る坂は、断層が上下に動いてできた崖と考えられています。そのまま７丁付近まで左手に崖を見ながら歩きますが、こちらは天竜川支流の小沢川が、厚い砂礫《されき》の地層を侵食した崖です。つまり、善光寺道方向が断層の崖、羽広道方向が侵食の崖と、同じ崖(坂)でもできかたが違います。

崖の上では平らな段丘面をひたすら歩きます。この面は伊那谷の中でもっとも谷幅が広い箇所にあり、随一の面積を誇ります。起伏が少ないので、馬も歩きやすそうです。いまでは田畑が広がっていますが、これは明治以降のことで、それまでは水が得られない原っぱで人家もありませんでした。参詣者の多くは湧水のある崖沿いや川沿いの集落の人たちでしょう。丁石は54丁のうち、30数地点で現存しますが、やはりその多くは、坂下や天竜川沿いの高遠藩の諸村による寄進のようです。

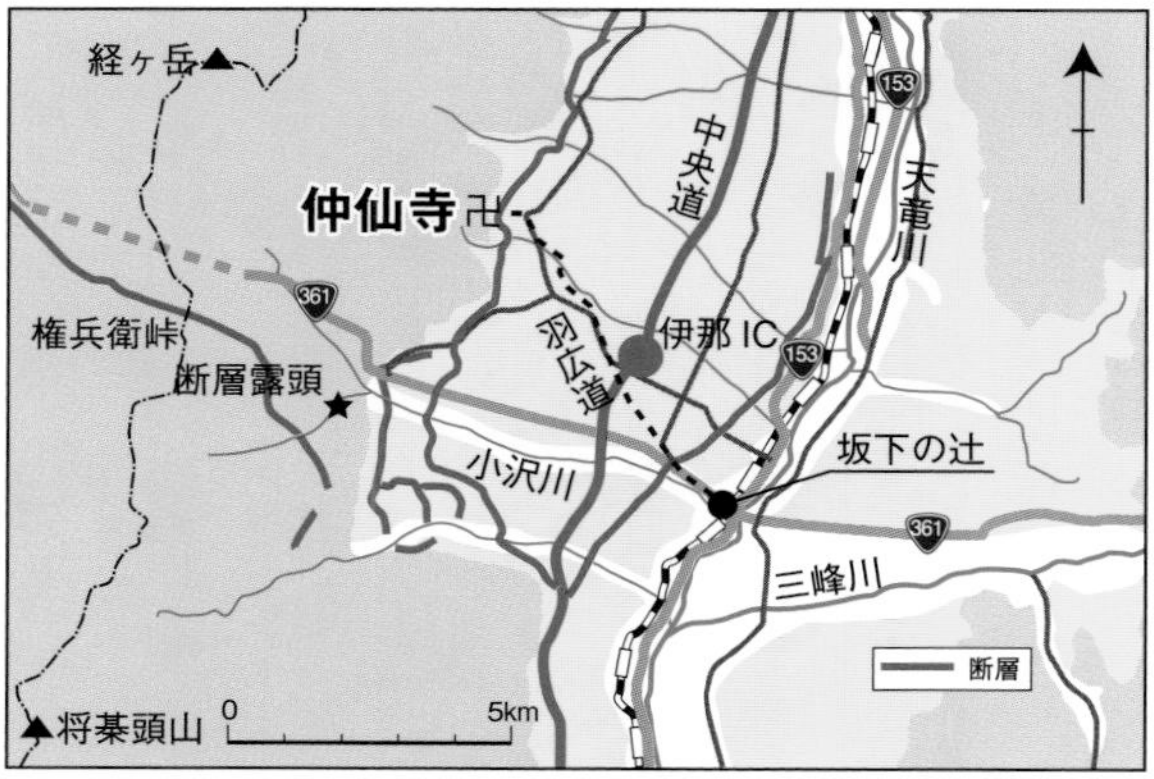

周辺図

## 地盤の激しい隆起でできた平坦面

出発点から約3時間で仲仙寺に到着します。仲仙寺から天竜川の向こうまで、平坦地が広がっています。このような広い平坦面がどのようにできたのでしょうか。面をつくる分厚い堆積物の供給と高い崖をつくる浸食作用は、地盤の激しい隆起がなければ生じません。じつは木曽山脈の東麓にも(仲仙寺の真下付近も)断層があり、羽広道の初めに登った崖も含めて「伊那谷断層帯」と呼ばれ、隆起にかかわっています。さらに経ヶ岳から将棊頭山《しょうぎかしらやま》にのびる稜線《りょうせん》が権兵衛峠のあたりで曲がっています。この曲がりは木曽山脈を両断する「境峠《さかいとうげ》断層」が活動した痕跡で、谷幅の広さにも影響していると考えられています。農耕が主体の時代、どの家にも馬がいて大切な家族の一員でした。馬にとって適度な遠さと負担のない道のり、そして人には活力をもたらす景色、この条件がそろった仲仙寺参詣は、大事な田植えのあと、家族で行く恒例の慰労遠足だったのかもしれません。

〈加藤真彰〉

はるばると 登り向かえば 仲仙寺
いつも絶えせぬ 松風《まつかぜ》の音

# 羽広山 仲仙寺

ご本尊：十一面観世音菩薩（通称・羽広観音）
宗　派：天台宗
住　所：伊那市西箕輪3052
連絡先：0265（73）5472
朱印所：寺務所

羽広山仲仙寺は816（弘仁7）年の創建。慈覚大師が経ヶ岳の山頂に鏡筒《きょうづつ》を埋めて開山し、霊木から十一面観音像を刻んでご本尊としたと伝えられる。ご本尊は秘仏で60年に一度御開帳される。鎌倉時代には籐宝寺と呼ばれ、15坊を有する大寺であった。

1600（慶長5）年に飯田城主小笠原秀政により中禅寺として現在地に移され、さらに1634（寛永11）年に仲仙寺と改称し、江戸・寛永寺の直末となり、明治期になって比叡山の直末になった。

江戸時代には馬の信仰で知られ、伊那谷は中馬稼《ちゅうまかせ》ぎが栄えたので、近在の馬たちが飼い主に引かれて参詣し、守護札を受けたという。

## アクセス

伊那ICから伊那市羽広方面に10分。駐車場は仁王門手前。

# 23番

# 龍洞山《りゅうどうざん》 宝蔵寺《ほうぞうじ》

## 上田市

宝蔵寺と依田城のある城山

## 広く親しまれてきた祈願寺

中丸子から依田川をはさんだ対岸、御嶽堂の山すそに建つ宝蔵寺は、834(承和元)年に慈覚《じかく》大師円仁《えんにん》が開基したと伝わります。ご本尊の聖観世音菩薩《ぼさつ》は、この地で人びとを困らせていた大きな龍が住んでいた柳の木で円仁がつくった3体の観音様の1体だと、お寺の縁起にあります(『御嶽堂区誌』)。宝蔵寺は特定の檀家《だんか》をもたない祈願寺であったので、普請のときには地元だけでなく東信や群馬など広い地域から寄付金が寄せられており、各地の人びとに親しまれていたことがわかります。寺の前を通る道は、中世の道・鎌倉街道です。内村川と依田川が合流するあたりで、川に張り出すような山腹には切り立った崖が連続していてとても壮観です。

## 風化によりできた洞窟を利用

宝蔵寺の現在の本堂・観音堂は、1776(安永5)年に建てられたもので、その奥には洞窟《どうくつ》があります。以前にはご本尊がこの洞窟内に安置されていたといいます。洞窟は中をのぞくこともでき、およそ間口4m・奥行10m・高さ4mの大きなものです。また、観音堂の左側には、長さ7m・奥行3mほどの浅い岩陰があり、源平合戦に登場する平景清の愛妾・楓《かえで》の前がまつられています。

洞窟の成因は大きく分けて2つあります。第一は川岸の岩肌を水流が削ったくぼみ(ノッチ)が隆起して水面上にあらわれたものです。壁や天井などになめらかな曲面があることが特徴です。第二は崖の一部が風雨にさらされて弱い部分だけが崩れてできたものです。宝蔵寺の洞窟や岩陰は、どれも安山岩質の岩の軟質層が新しく崩れて、直線的な割れ目が目立ちますが、それは風化によると思われます。

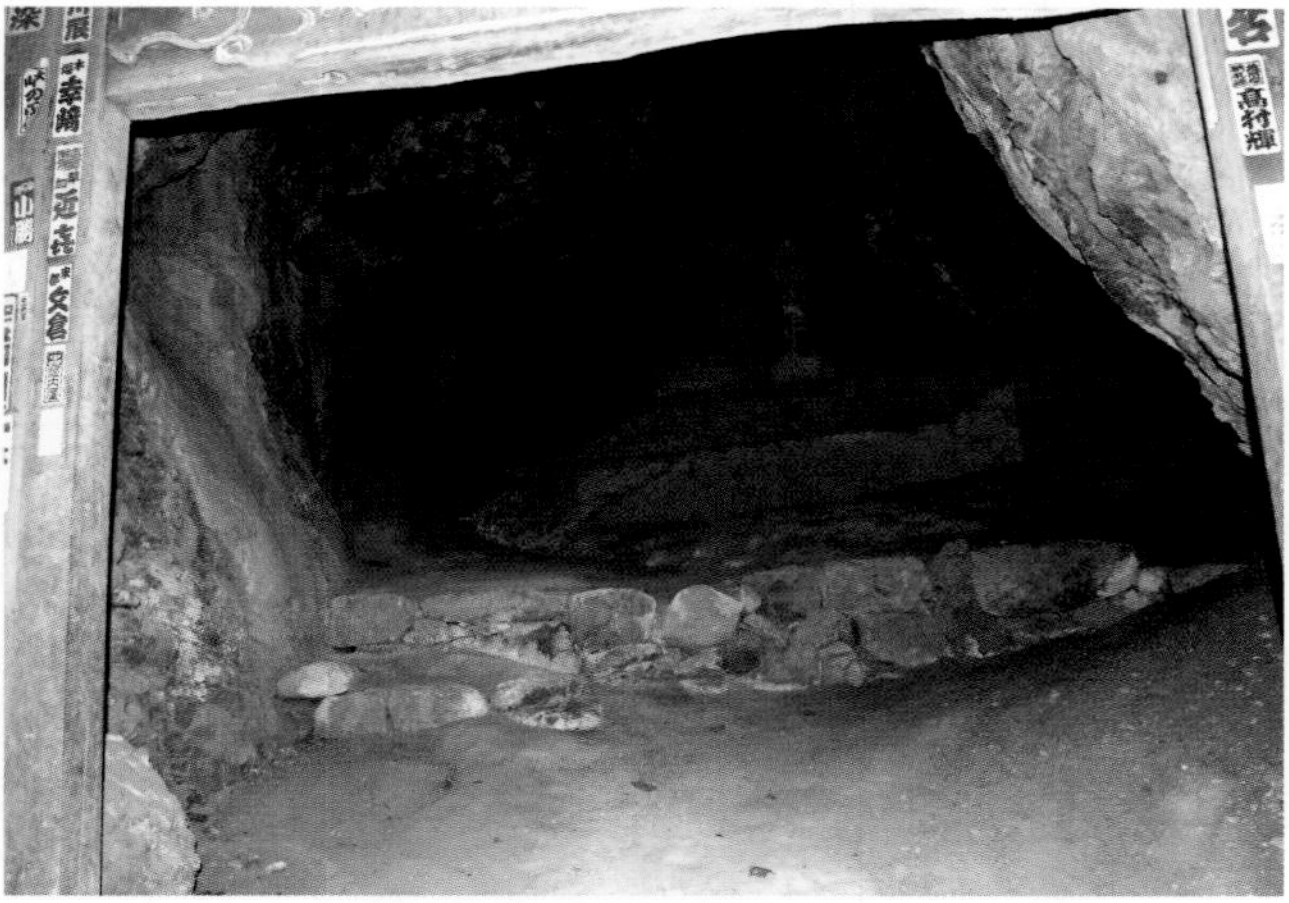
宝蔵寺奥の院洞窟

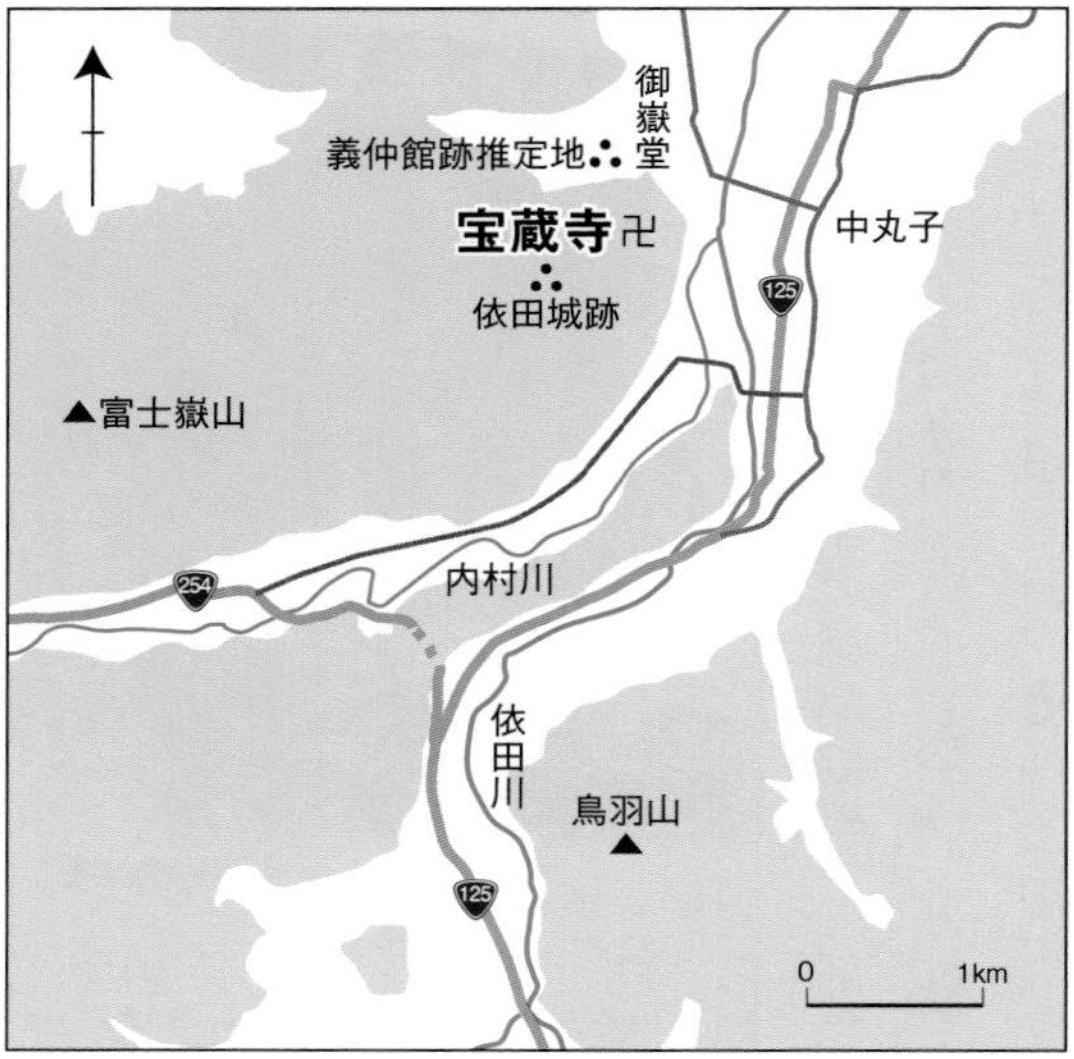

周辺図

さらに少し上ったところには岩谷堂岩窟古墳があり、いまは落石のため近づけませんが古墳時代に遺体を埋めないでさらす「ばく葬」という葬法がおこなわれていました。

お寺に上る階段のかたわらには樹齢８００年ともされる義仲桜があり、また宝蔵寺の裏山には依田城跡があって、１１８１(治承５)年に木曽義仲が平家追討のためここで挙兵したといわれています。義仲は宝蔵寺の観音様にお参りをして戦勝祈願をしたそうです。地元の人たちの手で義仲伝承の案内板が随所に整備され、また木曽義仲祭りの武者行列が４年ごとにおこなわれています。

古代の著名な寺社には、岩陰のような珍しい自然地形が神聖地として利用されることがあります。珍しい洞窟を利用した宝蔵寺や歴史の香り高い御嶽堂の地を訪ねてみてはいかがでしょうか。

〈中村由克〉

宝蔵寺 見上げてみれば 岩谷堂《いわやどう》
峯《みね》の松風 谷川の音

## 龍洞山 宝蔵寺

ご本尊：聖観世音菩薩（通称・岩谷堂観音）
宗　派：浄土宗
住　所：上田市御嶽堂84
連絡先：0268（42）2561
朱印所：寺務所

慈覚大師創建の寺で、1本の柳から彫った3体の観音像の1つを絶壁の中腹にある洞窟に安置しているので岩谷堂観音といわれる。平安時代末の平景清の遺品や、木曽義仲手植えの桜などが伝わる。

現在の観音堂は江戸時代の1777（安永6）年に御嶽堂村を中心とした近在の人びとが中心となって広く寄進を集めて建立された。それ以前は本堂奥の洞窟「奥の院」に安置されていた。

現在の堂内には江戸期の俳額や天井画が飾られている。朱塗りの観音堂は依田川に沿った鎌倉街道や丸子の町を見下ろす絶景の地にある。

### アクセス

上田菅平ICまたは東部湯の丸ICから丸子町方面に30分。駐車場は参道付近。

24番

# 法国山《ほうこくさん》 阿弥陀寺《あみだじ》

諏訪市

阿弥陀寺岩屋堂

## 「子授け観音」で知られる寺

諏訪市の国道20号元町交差点を霧ヶ峰方面に約2㎞進むと、「山の神」に至ります。ここを右折し、急な沢沿いの道を上っていくと、阿弥陀寺の「嶽門《たけもん》」に到着します。車をここで降りて、参道を進むと、鐘楼《しょうろう》を経て本堂前に出ます。阿弥陀寺は1993(平成5)年に火災にあい焼失しましたが、5年後に再建を果たしました。本堂は、長野市の善光寺大本願の「旧本誓殿」を移築したものです。

本堂の裏手の高台に懸崖《けんがい》造りの岩屋堂《いわやどう》がつくられており、ここに十一面観音がまつられています。観音様は、子が授かる「子授け観音」としても知られています。岩屋堂の舞台からは諏訪湖が遠望でき、境内は紅葉の名所として訪れる人も多いといいます。400年以上前に開山した当時、お堂などはなく、岩屋に観音様をまつったのが始まりと伝えられています。その後、修行の寺として諸国の行者たちが訪れるようになり、現在も念仏修行がおこなわれています。

## 本堂を取り囲む安山岩の溶岩

本堂の周囲は断崖が取り囲んでいます。この崖をつくっているのは安山岩の溶岩です。この安山岩は、いまから百数十万年前に噴出したもので、霧ヶ峰第Ⅰ期火山岩類と呼ばれており、霧ヶ峰火山の土台にあたる火山岩類です。崖をつくっている溶岩の厚さは約50mで、白い斜長石の斑晶《はんしょう》が目立つ岩石です。有色鉱物としてはかんらん石、紫蘇輝石《しそきせき》、普通輝石などが斑晶として観察できます。

この岩石の一番の特徴は、薄く板状にはがれやすいということです。板状節理《ばんじょうせつり》と呼ばれ、溶岩が流れ下った方向に沿って節理というひびが入ってできたものです。薄くはげるため、この地方では鉄平石と呼び、建設資材として切り出され

諏訪湖の岡谷市側から諏訪市を望む。手前の山が平坦な尾根筋。

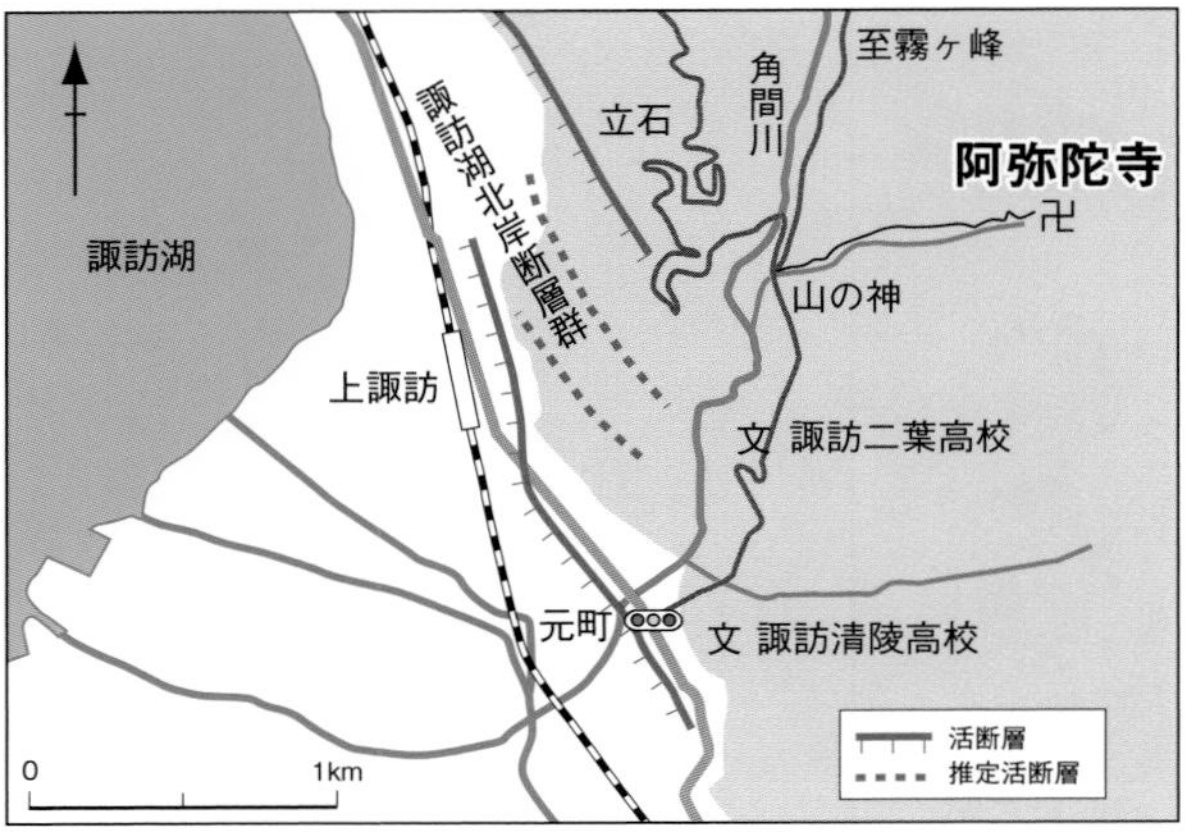

周辺図

ています。庭の踏み石や、外壁の装飾などで見かけることができます。この溶岩流がつくる地形は標高1300〜1400mほどの平坦な尾根筋を形成しています。この様子は諏訪湖の対岸から眺めるとよくわかります（P97）。この平坦な溶岩のつくる地形を覆ってその後の霧ヶ峰火山となるいくつかの峰々が形成されました。

お寺の参拝を終えて「山の神」に戻ってきたら立石方面を眺めてみましょう。温泉街が広がる諏訪湖畔から急な斜面に沿って住宅地が切り開かれています。詳しく見ると数段の階段状の地形にも気づくと思います。この地形は諏訪湖北岸断層群と呼ばれる活断層がつくった地形です。

諏訪湖はその北側と南側に走る大きな活断層にはさまれており、その間が落ち込んでできた湖です。この断層群は糸魚川―静岡構造線活断層帯の一部で長野県を縦断する活断層です。諏訪盆地の地下を調べたボーリング調査の結果から、諏訪湖の原形が形成され始めたのはほぼ20万年前と推定されています。

〈花岡邦明〉

唐沢《からさわ》や 岩間に結ぶ 観世音《かんぜおん》
誓《ちか》いの水は 汲《く》めどつきせじ

# 法国山 阿弥陀寺

ご本尊：十一面観音（通称・岩屋観音）
宗　派：浄土宗
住　所：諏訪市上諏訪唐沢7633—1
連絡先：0266（52）5269
朱印所：寺務所または正願寺（諏訪市岡村1—15—3）

1595（文禄4）年に地元の念仏行者河西浄西が裏山の岩陰に十一面観音をまつって道場とし、3年後の1598（慶長3）年に尾張の弾誓上人が諸国巡錫《じゅんしゃく》の途中に立ち寄り、5年間この地にとどまり開山した。念仏修行の道場で、細い谷間の奥にある岩場の霊場となっている。文化年間（1804〜1818）の火災では、観音だけが救い出されたが黒焦げになってしまったため、信徒が奉納した石の十一面観音が懸崖《けんがい》造りの岩谷堂にまつられている。

石垣風の獄門《たけもん》と呼ばれる山門を通ると長い参道があり、鐘楼や磨崖碑、石仏が並び往時の繁栄がうかがえる。

## アクセス

諏訪ICから上諏訪方面に進み、諏訪二葉高を目印に20分。駐車場は獄門前。

25番

# 天陽山《てんようさん》 盛泉寺《じょうせんじ》

松本市

盛泉寺山門

## 明治時代に移築された観音堂

長野道松本ＩＣより国道１５８号を上高地方面に車で約20分、松本市役所波田支所前の交差点を左折、急な坂道を上り、さらに平坦な道を２㎞ほど山のほうへ進んだところに盛泉寺があります。１５５２（天文21）年に、松本市神林の地頭・常和泉守が菩提寺《ぼだいじ》として創建したと伝わります。当初は「常泉寺」でしたが、１６７０（寛文10）年に寺の隆盛を願って現在の「盛泉寺」に改められました。

本堂の脇を通り抜けて階段を上ると、森に囲まれた水沢観音堂があらわれます。このお堂は、もともと波田上海渡地区を流れる水沢の上流にあった若沢寺《にゃくたくじ》の救世殿《ぐぜでん》で、明治の中ごろに盛泉寺に移築され、観音堂として再建されまし

波田支所裏の段丘崖

た。現在の建物は旧観音堂の老朽化により、1984（昭和59）年に改築されたものです。若沢寺は、信濃三十三番札所の1つになっていましたが、明治初年の廃仏毀釈《はいぶつきしゃく》によって廃寺となり、観音堂の移設された盛泉寺に札所が引き継がれ現在に至っています。

## 東に広がる梓川の河岸段丘

さて、盛泉寺は、三畳紀からジュラ紀（約2・5億～1・5億年前）の砂岩や泥岩からなる山地の縁に造営されており、山の斜面を利用して山門、本殿、観音堂が高さを変えて立体的に配置されています。これに対して、お寺の東側には住宅や畑が見られ、平坦な土地が広がっていることがわかります。この平坦な土地は、波田面と名づけられ、北アルプスから流れ出る梓川が、大量の土砂をためてできた地形です。

梓川の両岸には、川に沿って平坦な土地が階段状に発達しています。このような地形を河岸段丘といいます。河岸段丘は、隆起する大地を川が下へ下へと浸食することで形成さ

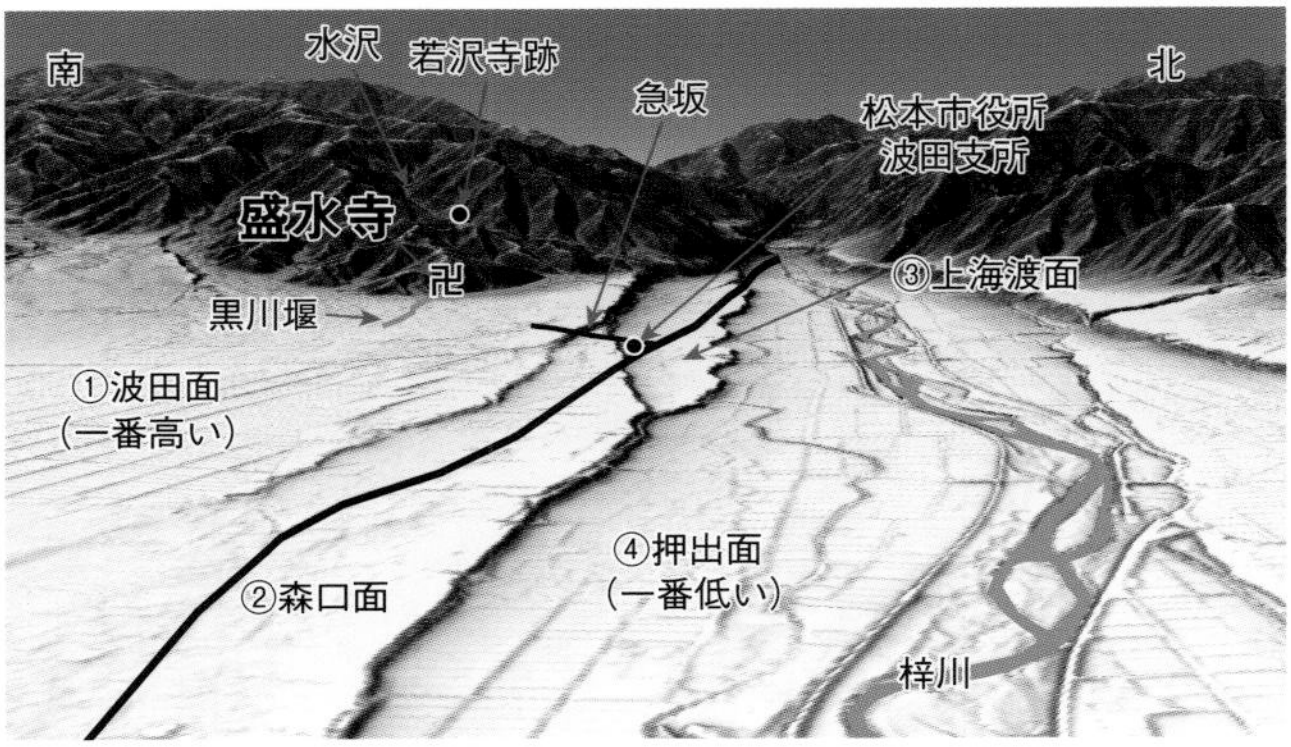


周辺図

れるので、高い平坦面ほど古いものです。波田面は梓川の河岸段丘の中では一番高い（古い）平坦面で、火山灰の研究から約６万年前にできたと考えられています。

盛泉寺と梓川の間には少なくとも４段の河岸段丘が確認できます。冒頭で紹介した波田支所を左折するとあらわれる急な坂道は、高さの違う段丘（上海渡面と波田面）をつなぐためにつくられたものだったのです。このような段丘と段丘の間にある崖を段丘崖と呼びます。国道１５８号沿いや波田支所の裏側で段丘崖を見ることができます。

ところで、河岸段丘をつくる地層はおもに粗い砂利なので、水が浸み込みやすいことが特徴です。波田面のような高い平坦面上には自然の河川が少ないので、昔から米作りができずに困っていました。盛泉寺の山門前を流れる黒川堰《くろかわせぎ》は、波田地区や隣の山形村で水田を開墾するために、江戸時代末から明治時代初期にかけて苦労を重ねてつくられたものです。周辺の坂道や段差、水路にも目を向けてみるとおもしろいと思います。

〈竹下欣宏〉

参るより 心も清き 水沢の
誓《ちかい》も深き み寺なりけり

# 天陽山 盛泉寺

ご本尊：千手観世音菩薩（通称・水沢観音）
宗　派：曹洞宗
住　所：松本市波田6011
連絡先：0263（92）3128
朱印所：寺務所

江戸時代までは若沢寺が25番札所となっていた。若沢寺は奈良時代に行基が開基し、平安時代初めに坂上田村麻呂《さかのうえのたむらまろ》が再建したとされる真言宗の古刹《こさつ》で「信濃日光」と称され隆盛を誇ったが、廃仏毀釈により廃寺となった。

盛泉寺は1552（天文21）年に開基され、廃寺となった若沢寺から水沢観音堂が移され、千手観音菩薩《ぼさつ》がまつられている。このほか金銅製の弥勒菩薩像や千手観音など数体の仏像も若沢寺から移された。観音堂には山岡鉄舟筆による「大悲閣」の額が掲げられ、枝垂《しだ》れ桜が咲く鐘楼堂の景色など見どころも多い。

## アクセス

松本ICから上高地方面に進み25分。駐車場は参道口と山門横。

26番

栗尾山《くりおざん》 満願寺《まんがんじ》

安曇野市

微妙橋

## 扇状地の要付近に建つ寺

安曇野は松本盆地中央に広がる低平地です。長野自動車道の安曇野ＩＣから西に向かって車で40分ほど走ると、北アルプスの山すそに到着します。そこは常念岳や蝶ケ岳《ちょうがたけ》を源とする一級河川の烏川《からすがわ》が、山を抜けて里に出てくるところです。烏川の流れは険しい山地から多量の土砂を運び出し安曇野に堆積させます。その結果、山際から安曇野中心部に向かってなだらかに傾斜する微高地（扇状地）が形成されます。烏川の扇状地には文字どおりの扇形の微高地がよく発達し、扇の要にあたる場所からやや北寄りのところにあるのが満願寺です。

満願寺は神亀年間（724〜729）の創建とも伝えられ

微妙橋の下にある節理の発達した有明花こう岩

る古刹《こさつ》です。その昔、裏山の長者ケ池から黄金の千手観音が湧出し、聖武天皇の勅願によりお堂を建立したのが始まりとされます。また、かつて有明山麓を拠点にしていた八面大王を制圧した坂上田村麻呂《さかのうえのたむらまろ》の活躍にも縁が深いと伝えられます。

駐車場で車を降りると、まず北ノ沢に架かる微妙橋が目に入ります。屋根つき木造の太鼓橋で「お経橋」とも呼ばれます。橋下から見上げると、1枚1枚の橋板裏に墨で書かれたお経の痕跡をいまも見ることができます。渓流はいわば「三途《さんず》の川」で、観音様のおわす浄土に続く参道はこの川を渡るところから始まります。急な階段を上り、少し息切れしそうになるころに仁王門で背筋を正されます。その先に彫刻の見事な手水舎《ちょうずや》や鐘楼《しょうろう》があり本堂が見えてきます。

## 北アルプス中央部をつくる有明花こう岩

寺は北アルプスを背にした安曇野の西縁にありますが、山際沿いの山稜《さんりょう》の陰にあるため

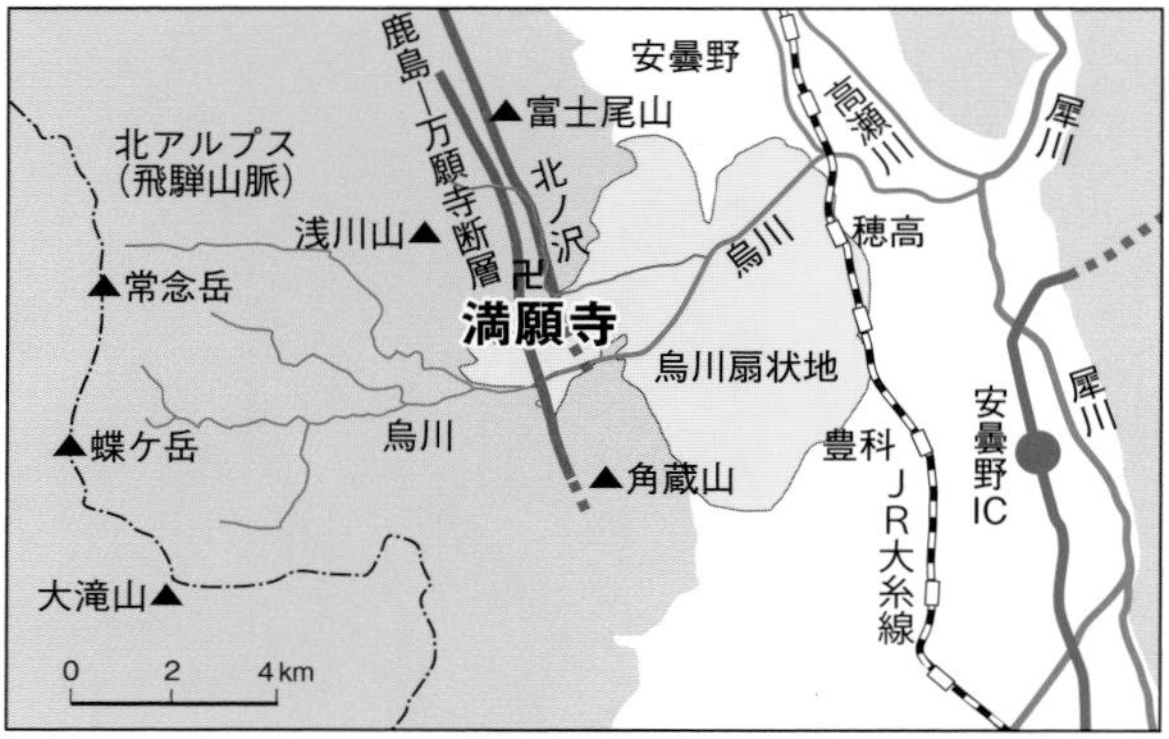


周辺図

低地から寺は見えません。まさに俗世から離れ、山に囲まれ、水が湧く聖域のたたずまいをもっています。じつは、ちょうどこの付近に、北アルプス東縁を南北に走る鹿島―満願寺断層の存在が知られています。その断層がアルプスの山すその一部を切り離し、俗世と寺とをへだてる山稜と渓流をつくりました。また断層沿いには古い崩壊跡があり、寺が建つ平坦地はその崩土の堆積面です。このように変化に富む地形を境内にたくみに取り入れている点も満願寺の見どころです。

前述の微妙橋の下には、規則的な割れ目(節理)をもつ白い岩が露出しています。これは白亜紀末～古第三紀(6400万年前ごろ)に地下深部でマグマが冷え固まってできた岩体の一部で、有明山や餓鬼岳《がきだけ》周辺に同じ岩が広く分布します。「有明《ありあけ》花こう岩」と名づけられていて、北アルプス中央部をつくる代表的な地質です。

〈富樫　均〉

ありがたや　功力《くりき》も深き　観世音《かんぜおん》
導《みちび》き給《たま》へ　弥陀《みだ》の浄土《じょうど》へ

# 栗尾山　満願寺

ご本尊：千手観世音菩薩
宗　派：真言宗豊山派
住　所：安曇野市穂高牧1812
連絡先：0263（83）2088
朱印所：寺務所

平安時代初めに坂上田村麻呂が開山したともされ、真言宗で高野山龍光院の末寺である。「信濃高野」とも称され、江戸時代には安曇・筑摩領民の菩提寺として信仰されていた。近くには『延喜式』にのる勅旨牧《ちょくしまき》、猪鹿牧《いがのまき》があった。1582（天正10）年に松本城主小笠原氏が現在地に再興し祈願寺とした。

中興の開山は尊応法印である。江戸時代には36堂を連ねる大伽藍《がらん》を構え、善光寺参拝の途上で多くの信徒が立ち寄ったという。廃仏毀釈により衰退したが、1876（明治9）年に復興された。

境内には5000株のツツジがあり、ツツジの名所としても知られている。

## アクセス

安曇野ICから穂高方面に進み、穂高温泉郷を目標に30分。駐車場は参道口。

27番

# 金峯山《きんぽうざん》 牛伏寺《ごふくじ》

松本市

ゆるやかな傾斜地に建つ牛伏寺

## 石英閃緑岩の山腹に立地

　高速道路を塩尻北ＩＣで降り、ＪＲ村井駅から東にのびる県道を走ると田川を渡った付近から徐々に上り勾配となり、寿台団地に入ると標高がどんどん増していくのがはっきりわかります。牛伏川《うしぶせがわ》が運んだ土砂が形成した扇状地の緩斜面です。中信松本病院を過ぎて牛伏川の谷に入り、川に沿ってさらに２㎞ほど上ると駐車場があり、車を置いて杉やヒノキの大木の間を抜けて石段を登りきると牛伏寺に到着です。

　牛伏寺は「うしぶせ寺」とも呼ばれ、寺伝によれば聖徳太子が42歳のときに自ら刻んだ観音像を本尊として鉢伏山《はちぶせやま》に安置したのが始まりといわれています。境内は手前の本坊から奥の観音堂まで石段を介してゆるやかに傾斜しています。牛

牛伏寺の遠景

伏寺周辺の山々は、およそ１２００万年前に地下深くから上昇したマグマが固まった花こう岩の仲間の石英閃緑岩《せきえいせんりょくがん》と呼ばれる深成岩からなっています。牛伏寺はその山腹のゆるやかな斜面を利用して建っています。牛伏川の対岸には同じような地形を利用したゴルフ場もあります。このような緩斜面は、大昔の牛伏川が運んだ土石流によってつくられた扇状地の名残です。そして、牛伏川の谷に入ってから牛伏寺までの上り坂は昔の扇状地が川の浸食で削られた跡です。

　牛伏寺に至る参道を右に外れて牛伏川の河畔に降りると、そこには２０１２(平成24)年に国の重要文化財に指定されたフランス式階段工とその上流に並ぶ石積えん堤群、さらには山腹にめぐらされた張石水路があります。１９１８(大正7)年に竣工した牛伏川には古くからたび重なる洪水の歴史がありました。

## 激しい隆起により土石流が多発

牛伏寺の寺名は、善光寺へ奉納する大般若経６００巻を運んでいた、赤と黒2頭の牛が

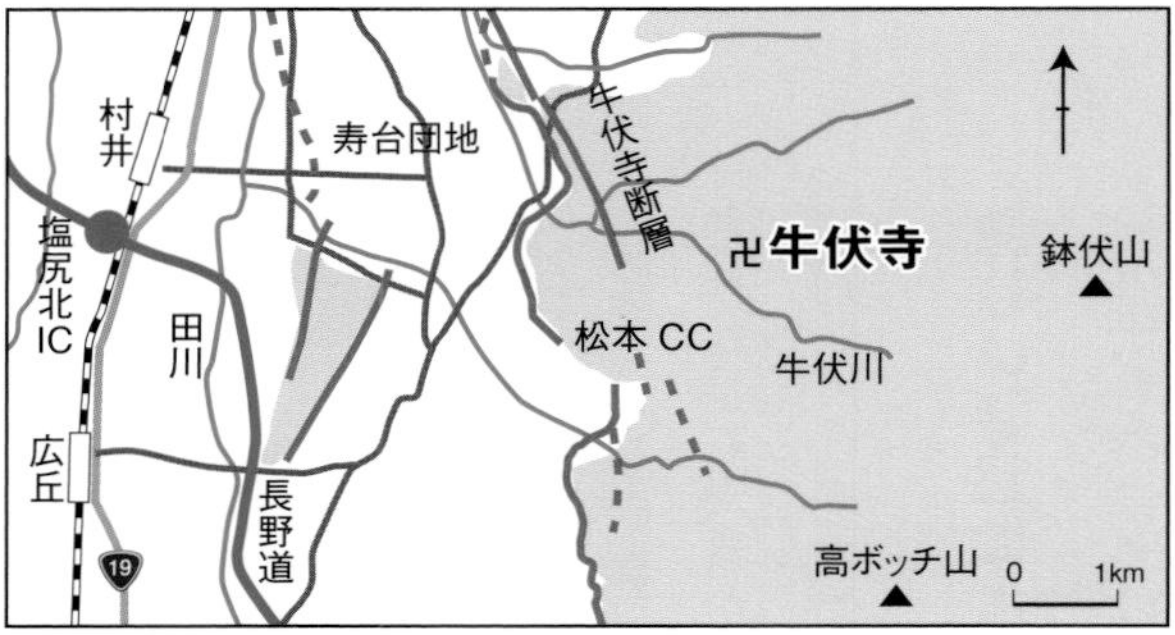

周辺図

十一面観世音菩薩《ぼさつ》の霊力により倒れたことに由来するそうです。赤牛の伝説は各地にあり、洪水に関係することから、牛伏寺は土石流を鎮める役割から創建されたとの説もあります。

洪水により形成された大規模な扇状地の形成とその後の浸食作用は、背後の山地がもろく、かつ、隆起が激しいことが原因です。付近には、糸魚川―静岡構造線断層帯の一部である牛伏寺断層や松本盆地東縁断層などの活断層があり、それらの活動によって牛伏川上流の山々が隆起したと考えられます。

これらの断層は、今後30年間にマグニチュード7〜8クラスの大地震が発生する確率が内陸では全国トップの30%とされています。その根拠として、扇状地の堆積物に断層による４００ｍ以上の水平ずれがあることが挙げられています。一方で、これを否定し、扇状地の堆積物は垂直には大きくずれているが水平のずれは小さいとの説や、牛伏川上流の山々を隆起させた逆断層の活動のほうが牛伏寺断層よりはるかに優位だとする説もあります。牛伏寺は、寺名の由来も含めてダイナミックな地史を感じさせる古刹《こさつ》です。

〈塩野敏昭〉

来世にて 死出《しで》の山路《やまじ》は よも越《こ》さじ
金峯山《きんぼうざん》へ 参《まい》る身なれば

## 金峯山 牛伏寺

ご本尊：十一面観世音菩薩（通称・牛ぶせ観音）
宗　派：真言宗智山派
住　所：松本市内田2573
連絡先：0263（58）3178
朱印所：寺務所

本尊の十一面観音菩薩《ぼさつ》をはじめ平安時代を代表する仏像を多く保有し、8体が国の重要文化財。

信濃三十三番札所の中でも規模と荘厳さが秀でた名刹《めいさつ》。開基は不詳であるが、寺伝によると755（天平勝宝7）年に唐の玄宗皇帝が善光寺へ大般若経を奉納する途中、経巻を運ぶ赤・黒の牛2頭がこの地で倒れ、十一面観音の霊力として経巻をそこに納めて2頭の霊をまつったことから、寺号を牛伏寺としたという。1534（天文3）年に現在地に移され、中興した。観音堂は1622（元和8）年に再建されたもので風格がある。毎年成人の日の2日間の大護摩は多くの人びとでにぎわう。

### アクセス

塩尻北ICから松本方面に進み、村井交差点を右折（20分）。駐車場は参道手前。

28番

# 龍頭山《りゅうずざん》 龍福寺《りゅうふくじ》

上田市

## 龍を封じた慈覚大師ゆかりの寺

参道からの眺め

上田市丸子を南北に流れる依田川に沿って国道125号を長和町方面へ向かうと、だんだん谷幅が狭くなってきて、景勝地大渕・中渕があります。腰越橋手前の信号を左に入り南へ行くと駐車場が完備され、案内看板に従って進み段丘を上ると参道入り口に到着です。入り口にはシカ除けの柵がしっかり設置されていますが、きちんと閉めてもらえれば出入りは自由とのことです。すでに無住のお寺ですが、地元の方に親しまれていて、参道からお堂への上り道も歩きやすく整備されています。木々の間からは依田川対岸の鳥屋峠《とりやとうげ》から北東へのびる平坦な尾根やその北側の内村川をはさんだ独鈷山《とっこさん》（1266m）や富士嶽山《ふじたけさん》（1034m）のギザギザした山頂が連なる地形を眺めることができます。境内には土俵がつくられていて、毎年4月には子どものお祭りで奉納相撲がおこなわれ、にぎわうそうです。

言い伝えによると、平安時代の初めごろ、このあたりには龍が住み着き、作物を枯らして人びとを苦しめていました。834（承和元）年に円仁（慈覚《じかく》大師）が都から訪れた際に修法をおこなったところ、龍は昇天しこの地方に恵みの雨を降らせる龍神になったそうです。

龍の住んでいた柳の木を切って3体の観音様を彫り、腰越の鳥羽堂に龍頭山龍福寺、御岳堂の岩谷堂に龍洞山宝蔵寺、生田の尾野山に龍尾山平等寺の3つの寺を開いて安置したといわれています。

鳥羽山洞窟遺跡

## 海底火山の活動でつくられた鳥羽山

この鳥羽堂観音が建つ鳥羽山（843m）はどんな成り立ちなのでしょうか。依田川右岸の鳥羽山は遠くからでも切り立った崖がよく見えます。依田川の流れは速く、崖も急傾斜であるため簡単には近寄れません。これまでの調査から、この崖は新第三紀中新世に海底火山の激しい活動によって堆積した、おもに流紋岩《りゅうもんがん》質やデイサイト質の火砕岩などからできていることがわかっています。

崖にはさまざまな大きさのくぼみが見られますが、風化に弱い

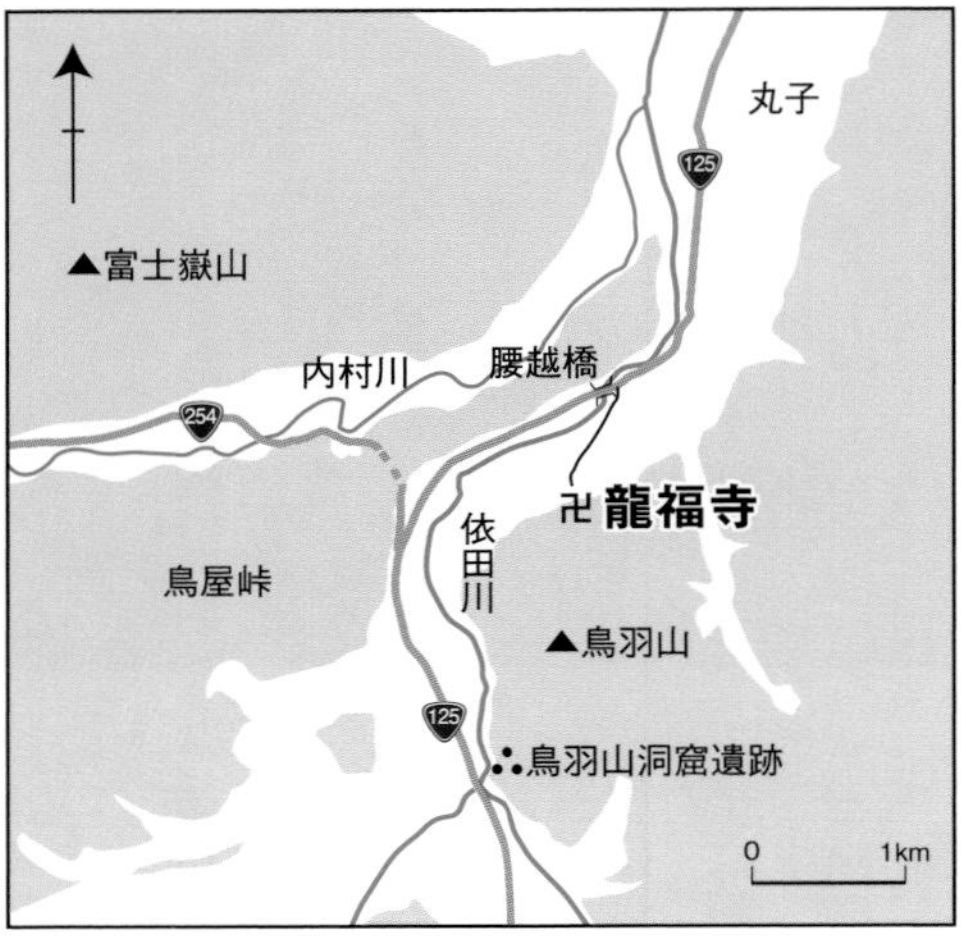

周辺図

ガラス質の部分が崩れ、さらに依田川の侵食が加わってできたと考えられます。そのうちの１つに鳥羽山《とばやま》洞窟《どうくつ》遺跡(国史跡)があります。依田川から比高15ｍほどに位置し、幅約25ｍ、奥行約15ｍの大きさです。洞窟内からは縄文・弥生・古墳時代や近世の遺物や遺構が発見されています。中でも古墳時代中期(５世紀中ごろ)の葬所跡として有名で、ここでは遺体を埋めないでそのままさらして葬る曝葬《ばくそう》という大変珍しい方法がとられています。副葬品として土師器《はじき》や須恵器《すえき》、石製品、金属製品などたくさんの種類の遺物が発見されています。中には大陸由来と考えられる須恵器もあり、かなり有力な人物がいたと考えられています。鳥羽山洞窟は依田川の激流に面していて容易に近づけませんが、対岸の武石・沖の国道１５２号から民家の脇を東に入った川岸から眺めることができます。川岸に立つと、国道のある平坦面(低位の段丘面)と洞窟の開口部の高さがほとんど同じだとわかります。したがって、この洞窟は段丘ができたのと同じく数万年前に川の水で削られてできたと考えられます。

〈長谷川桂子〉

鳥羽の山 登りてみれば 龍福寺
田子《たご》の浮き舟 松風の音

# 龍頭山 龍福寺

ご本尊：聖観世音菩薩（通称・鳥羽堂観音）
宗　派：元天台宗
住　所：上田市腰越向井1186
連絡先：0268（42）2196（全芳院）
朱印所：藤沢様または全芳院（現地案内を参照）

834（承和元）年、慈覚大師の開山とされる。この地を訪れた大師が土地の人を苦しめていた大きな龍を封じ、龍が住んでいた柳の木から3体の聖観音を刻んだ。龍福寺は龍の頭があった場所に安置したとの伝説が残る。

1873（明治6）年に一旦は廃寺となったがのちに再興され、牛馬の守護神として信仰を集めた。観音堂は当初、鳥羽山の山頂にあったと伝えられており、江戸時代には村人の参拝の都合でふもとに移っている。上田市腰越の全芳院が納経所となっている。全芳院は曹洞宗の古刹《こさつ》で、丸子城の城館跡と伝わる。

## アクセス

東部湯の丸ICから上田市丸子町方面に20分。駐車場は手前の公民館付近。

# 29番

# 布引山《ぬのびきざん》 釈尊寺《しゃくそんじ》

小諸市

## 火山山麓にたまった火砕岩の断崖絶壁

釈尊寺仁王門

しなの鉄道小諸駅から西へおよそ3㎞、千曲川左岸に「牛に引かれて善光寺参り」で有名な布引山釈尊寺があります。千曲川川床より高さ200mほどの断崖に建てられています。標高650～800mほどの御牧ケ原台地北東部の渓谷です。

歴史は古く、奈良時代の724（神亀元）年または748（天平20）年、行基《ぎょうき》の開山と伝えられています。千曲川川床に近い県道40号横の駐車場から参道を歩くこと15分ほどで境内に着きます。断崖絶壁の途中、岩壁に張りつくように建つ観音堂は京都清水寺の舞台を思わせる懸崖《けんがい》造りで、大変迫力があり、国の重要文化財に指定されています。観音堂造営当時の苦労がしのばれます。

参道は「七曲がり」とも呼ばれ、黒くごつごつした岩肌の地層からなる坂をぬって上っていきます。樹林の中、石仏が出迎え、苔《こけ》むした岩肌を見たり、滝の奏でる水音を聞いたり、さわやかですがすがしい散策道となっています。途中、牛岩、馬岩と名前のついた岩や善光寺窟《ぜんこうじくつ》と呼ばれる洞穴《ほらあな》などもあります。この断崖や参道で観察される地層は、角張った大小さまざまな輝石安山岩の礫《れき》と火山灰が入り交じった火砕岩《かさいがん》からおもにつくられています。含まれる角礫《かくれき》は径が数cmから15cmまでのものが多い中、１ｍ程度のものも含まれています。砂岩層もはさまれ参道沿いではわずかに南西側に傾いています。場所によっては地層中に鉛直方向の割れ目や断層が確認できるところもあります。

布岩拡大。白い部分は軽石凝灰岩

## 布引伝説のもとになった布岩

牛岩、馬岩、不動滝、仁王門の近くでは地層に淡灰色の凝灰岩《ぎょうかいがん》や軽石を多く含む凝灰岩がはさまれています。とりわけ仁王門付近の凝灰岩は厚さ２ｍほどの軽石凝灰岩で輝石や角閃石《かくせんせき》を含んでいます。これらの地層は布引層と呼ばれ、その厚さは１５０ｍ以上あります。いまから１３０万

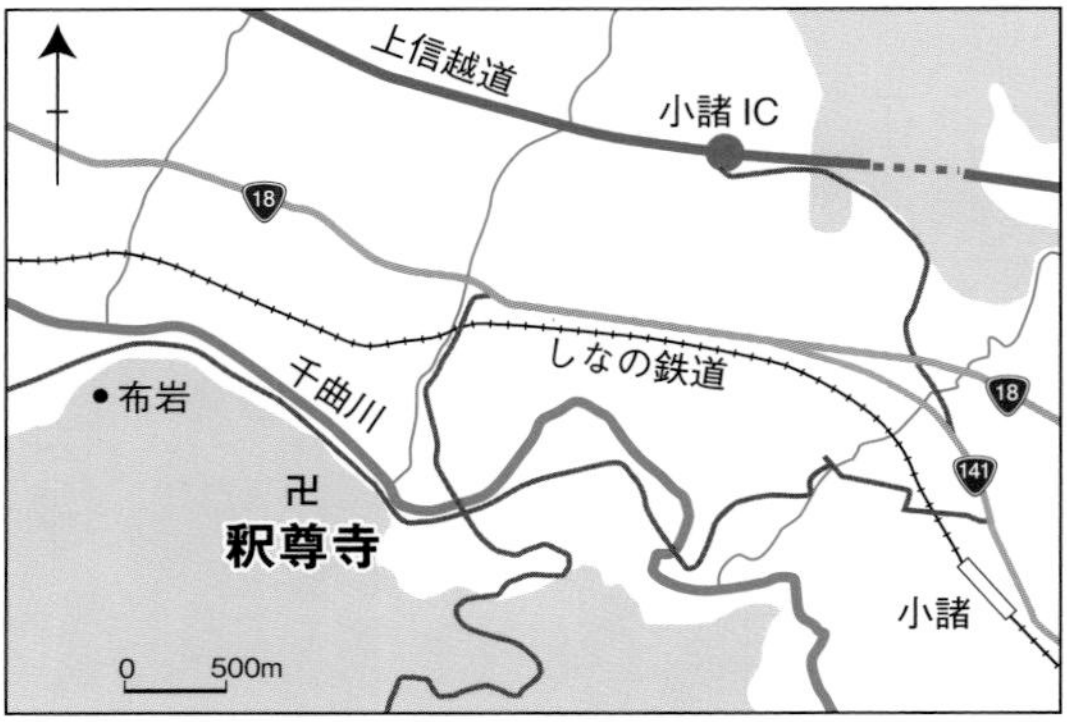

周辺図

年前ごろに活動した火山の山麓で堆積したものと推定されています。

境内に着くと崖につくられた観音堂と背後の谷間に浅間山の雄姿が目に入ります。観音堂にはあと3分程度です。懸崖造りの観音堂からの景色も見応えがあります。途中、地層をくりぬいた小さなトンネルをくぐりますが、ここに露出する地層中の角礫は小さめで砂岩層の互層《ごそう》も観察できます。

観音堂参拝後は参道を戻り、県道40号を千曲川下流側に移動しましょう。釈尊寺より北西約１km の千曲川左岸の崖には布引伝説のもとになった「布岩」が観察できます。この白色でひときわ目立つ岩は角閃石を含む固結のよい軽石凝灰岩です。伝説では布が吹きつけられ石化したと伝わりますが、どのようにつくられたのでしょうか。

布引層の堆積後、大地の変動で地層に鉛直方向の板状の割れ目が入り、その割れ目に軽石凝灰岩層が下方へ入り込み割れ目を埋めたものと推定されます。このようにしてできた岩体を砕屑岩脈《さいせつがんみゃく》といっています。布岩を眺め伝説を語り継ぎ信仰心を深めてきたのでしょう。いにしえの人びとが思いを込めるのもうなずけます。

〈寺尾真純〉

望月《もちづき》の 御牧《みまき》の駒《こま》は 寒からじ
布引山を 北と思へば

# 布引山 釈尊寺

ご本尊：聖観世音菩薩（通称・布引観音）
宗　派：天台宗
住　所：小諸市大久保2250
連絡先：0267（23）0520
朱印所：寺務所

724（神亀元）年、行基の開山とされる、比叡山延暦寺の末寺。参道の険しい山道を15分ほど登ると朱塗りの観音堂がある。観音堂内部の本尊を納める宮殿《くうでん》は、1258（正嘉2）年の造銘があり、鎌倉時代の和様建築として貴重なもので国の重要文化財になっている。かつては岩窟に6か寺が造営された仏道修行の聖地であったが、伽藍《がらん》は戦国時代に武田軍の兵火で焼失し、現在の本堂は江戸時代後期に小諸藩主の牧野康明が再建したものである。

牛に化身した観音に白布を奪われた老婆が、善光寺まで追いかけていく「牛に引かれて善光寺参り」の伝説が残る。

**アクセス**

小諸ICから小諸市市街地方面に進み、千曲川を越えて10分。駐車場は参道登り口。

30番

# 歓喜山《かんきざん》 正法寺《しょうぼうじ》

長野市

七二会遠見地区より見た正法寺周辺。大峰面の広がりがわかる。

## 北アルプスを一望できる尾根筋に建つ

長野市西部にそびえる虫倉山《むしくらやま》（１３７８ｍ）、その南東麓に中条地区が位置します。険しい谷に囲まれた尾根筋に正法寺があります。途中で七二会《なにあい》遠見地区からの眺望を楽しむため、七二会支所から県道４０１号小川長野線のルートで向かいます。「遠見」の名のとおり、ここからは北アルプスの爺ヶ岳《じいがたけ》、鹿島槍ヶ岳《かしまやりがたけ》、五龍《ごりゅう》岳、唐松岳などをはじめ、聖山《ひじりやま》や虫倉山などを一望することができます。目的地の正法寺（標高６７０ｍ）もこの風景の中に位置しています。

正法寺は、平安時代初期に坂上田村麻呂《さかのうえのたむらまろ》が建立したと伝えられます。正法寺の横に観音堂があり、本尊の聖観世音菩薩《ぼさつ》像が安置されています。この観音像は平安時代中期の作で、僧行基《ぎょうき》が刻ん

本堂脇にある観音堂

だものという伝説もあり、ふくよかな表情をたたえた美しい姿が特徴の秘仏となっています。その両脇にある2体の四天王像も平安時代初期から中期にかけての作とされ、これら3点が長野県宝に指定されています。聖観音《しょうかんのん》像を納めた宮殿は、江戸時代初期の戸隠の宮大工、中川杢右衛門がつくったものです。

正法寺では地域の方々とともに、こうした貴重な文化財を守り伝えてきましたが、なぜこの山麓に人びとが暮らしてきたのかが気になります。

その答えを探るヒントは、北アルプスを眺めることのできる風景に隠されています。虫倉山麓に広がる風景の中で、標高700～800m付近に集落が点在していることがわかります。この部分は、土尻川《どじりがわ》や犀川の原形となった川が流れていた平野の痕跡だと考えられています。

## 海が隆起して陸地になる途中

中条や七二会地区一帯は海底に堆積した砂岩や泥岩の地層でできており、かつては海だったことがわかります。その海が隆起し陸地になっていく途中、昔の犀川や土尻川が北

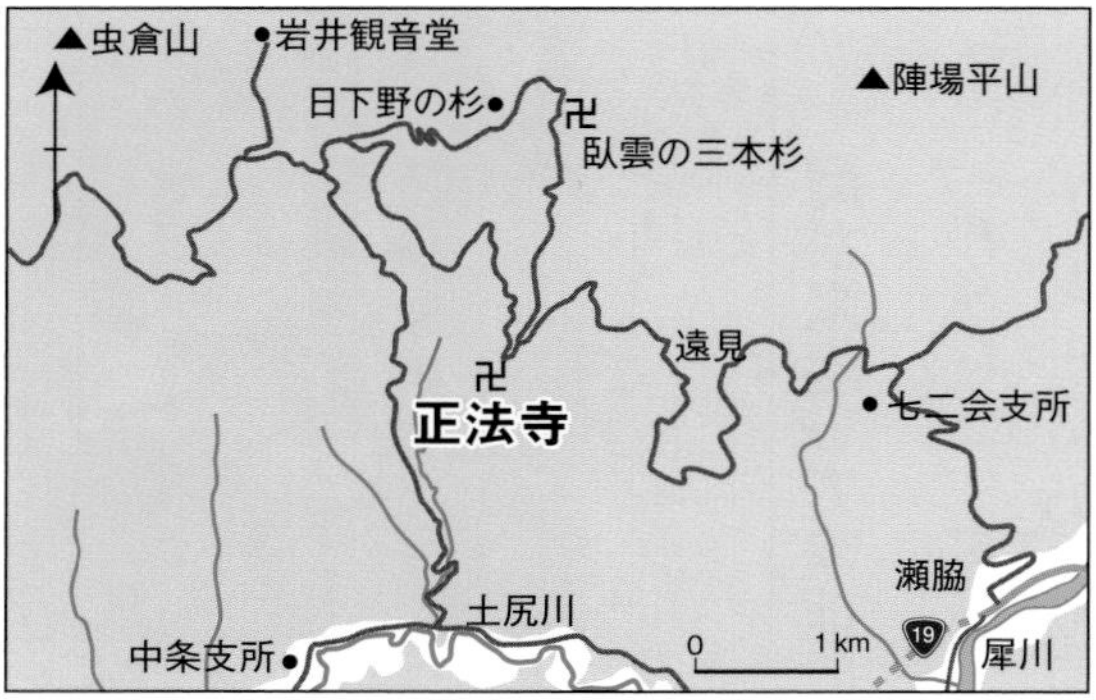

周辺図

アルプスから土砂を運びこみ、なだらかな地形面をつくりました。この地形面は池田町大峰高原の名をとって「大峰面」と呼ばれています。虫倉山の山麓から北アルプスを一望できるのは、こうした大地の生い立ちによるものです。

虫倉山は海底火山が噴火した溶岩や凝灰角礫岩《ぎょうかいかくれきがん》などの硬い地層でできているので、険しい山地になりました。その南側の地域は、砂岩や泥岩の比較的軟らかい地層が分布するので、犀川や土尻川の浸食が進んで、谷が深くなっていきました。そして、その谷の上流部は地すべりを起こしてきた場所です。

しかし、この地すべりがさらになだらかな地形をつくり、日当たりもよく、水が湧き、土が深くまで耕された場所となっていきました。自給自足の時代、農耕に適した場所が暮らしやすい場所だったので、古くから人びとが集落をつくり、生活を営んできたのでしょう。そして心のよりどころとして、観音様をまつってきたものと考えられます。

正法寺の北側には、「神代杉」とも呼ばれる「日下野《くさがの》の杉」「臥雲《がうん》の三本杉」「岩井観音堂」などの文化財がありますので、一緒に参拝してみてはいかがでしょうか。

〈田辺智隆〉

正法寺 月は三ヶ野《みかの》の 峰《みね》に出《い》で 下る片岡《かたおか》 寺のともしび

# 歓喜山 正法寺

ご本尊：聖観世音菩薩
宗　派：真言宗豊山派
住　所：長野市中条日下野1874
連絡先：026（267）2319
朱印所：寺務所

平安時代初めの大同年間（806~810）、坂上田村麻呂により開基されたとされる。江戸時代の文政、天保年間などに、何度も火災にあい、現在の本堂は1881（明治14）年に再建された。行基作といわれる本尊の聖観音菩薩《ぼさつ》は1本彫りの立像で、平安時代初~中期の作とされる。ほかに2体の四天王像もあるが、40年ほどの無住の時期に仏像や寺の資料の多くが散逸してしまったという。

雨乞いと縁結びの寺として知られ、江戸末期に日照りに苦しむ村人たちがワラで龍をつくったところ、観音様がその龍に生命を授けて雨を降らせたという伝説が残る。

## アクセス

長野ICから長野市街地・白馬方面へと長野市中条に進み60分。駐車場は仁王門前。

# 31番

# 慈眼山《じげんざん》 広福寺《こうふくじ》

## 長野市

虫倉山と御山里の景観

### 虫倉山のふもとに建つ観音堂

　信濃三十三番札所に関する最古の史料は、江戸時代初期の1666(寛文6)年の伊折村(現在の長野市中条御山里《みやまさ》地区)絵図にある「廣福寺　当国第三十一番札所」の記載です。その広福寺を訪ねるには、長野市と白馬村を結ぶオリンピック道路沿いにある道の駅「中条」を起点にするとよいでしょう。土尻川《どじりがわ》を渡り、県道長野大町線を横断し、細いつづら折りの山道をひたすら北へ上ると、急坂から徐々になだらかに地形が変化していきます。標高700mくらいから視界が開け、美しくのどかな里山空間と虫倉山《むしくらやま》があらわれます。起点の道の駅(標高約450m)から広福寺(標高860m)までは車で約25分、途中の分岐には道標があり、寺のすぐ下には駐車場とトイレが整備されています。

虫倉山（標高１３７８ｍ）は、周囲の丘陵性の山々から頭１つ抜き出た険しい山塊です。３６０度の眺望がきく信州百名山の１つとして知られ、山塊は長野市鬼無里《きなさ》・戸隠の荒倉山や同市七二会《なにあい》の陣場平山《じんばだいらやま》に続きます。

虫倉山登山道不動滝コース入り口付近の凝灰角礫岩層

虫倉山は凝灰角礫岩《ぎょうかいかくれきがん》や溶岩などからなります。これはいまから４００〜５００万年前、まだ北信濃一帯がフォッサマグナの海であったころの海底火山の噴出物で、広福寺近くの虫倉山登山道「不動滝コース」入り口付近にその地質が露出しています。火山岩は周辺の砂岩や泥岩よりも硬いため、長期にわたる隆起と侵食に耐えて険しい山塊として残りました。北方にある戸隠連峰にも海底火山がもたらした硬い地層があります。もともとはほぼ同じ時代に同様の環境でできた兄弟のような地層ですが、堆積後の激しい地殻変動によって一連の地層が強く押し曲げられ、いまでは戸隠と虫倉山が離ればなれの山塊になっています。一方、飯縄山《いいづなやま》（１９１７ｍ）はそれよりもずっとあとに陸上で噴出した成層火山です。

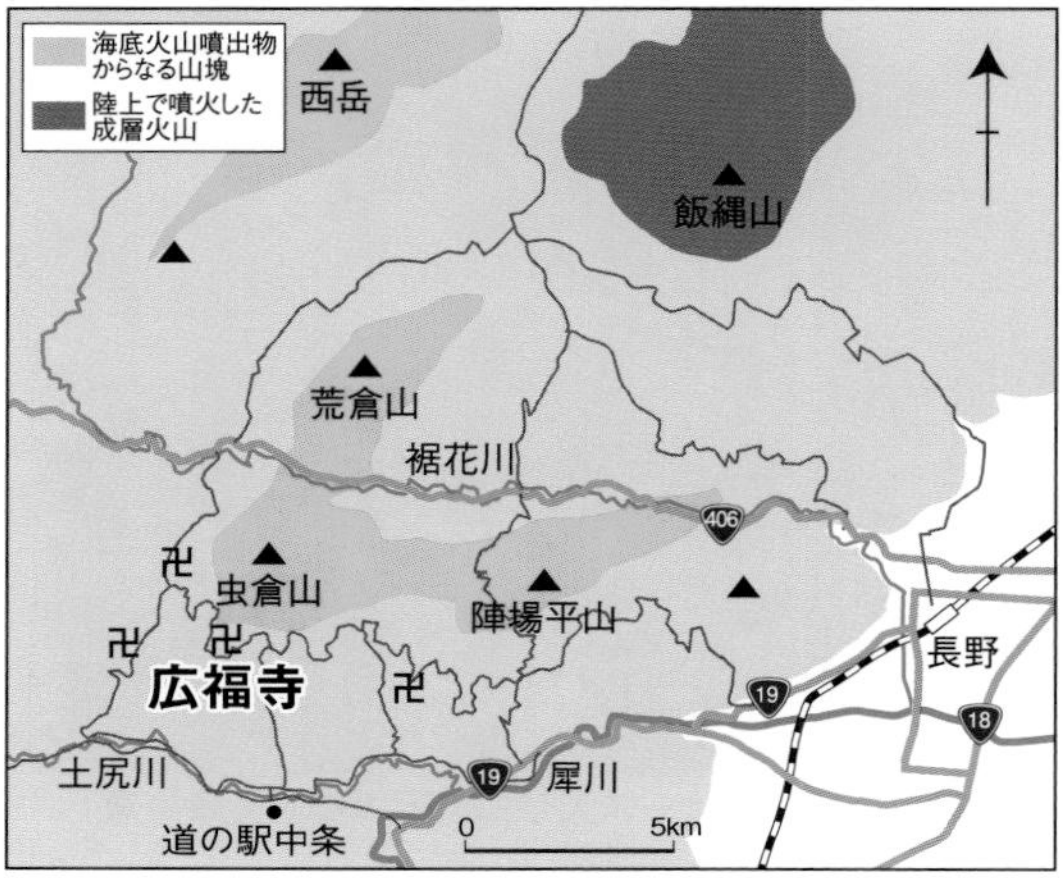


周辺図

## 善光寺地震で崩壊した土砂で埋没

1847（弘化4）年の善光寺地震では、虫倉山の一部が崩れ、ふもとの村々が大変な被害を受けました。松代藩が震災直後にまとめた絵図には、伊折村を襲った山崩れの様子が克明に記録されています。そのときに広福寺も埋没し、寺の歴史や山岳信仰にかかわる詳しい資料が消失してしまったそうです。しかし生き残った村人たちが、命を守ってくれたと観音様をまつり、跡地に建てたお堂が現在の広福寺につながりました。土の中から掘り出された十数基の五輪塔には室町期にまでさかのぼるという古いものがあり、お堂の脇に並んでいます。ご本尊は母乳の出を助けてくれる「乳出し観音」として信仰され、かつては多くの馬主たちが集う観音講も盛んでした。善光寺平に隣り合う西山地域の里山の原風景を残しつつ、震災復興の記憶をいまに伝える大切な場所となっています。

〈富樫　均〉

広福寺 誓《ちかい》を頼む 八重桜《やえざくら》
峰《みね》の嵐《あらし》も 吹きや散らさじ

# 慈眼山 広福寺

ご本尊：聖観世音菩薩（通称・乳出し観音）
宗　派：曹洞宗
住　所：長野市中条御山里8859
連絡先：026（269）2088（明松寺）
朱印所：明松寺（小川村高府15625）

開山は不明であるが、古くは高福寺という真言宗の寺であった。1628（寛永5）年に伝龍和尚が中興して、広福寺と改めたという。1847（弘化4）年の善光寺地震では虫倉山の山崩れがあったがお堂をつぶしたところで止まり、村人は観音様が守ってくれたと喜んだという。現在の観音堂は1977（昭和52）年に建て替えられた。当寺を掲載した1666（寛文6）年の古地図は、信濃三十三番札所の存在を証明する最古の記録とされる。ご本尊は古くから「乳出し観音」としても知られ、乳の出ない女性が米をお供えし、かわりにお供えしてある米を持ち帰って食べれば乳が出るようになると伝わる。

## アクセス

長野ICから長野市街地・白馬方面、長野市中条に進み60分。駐車場は観音堂手前・参道上り口。

# 32番

# 椿峰山《つばみねざん》 西照寺《さいしょうじ》

## 小川村

西照寺遠景

### 山崩れのつどに掘り出されたお堂

小川村役場から県道36号、通称小川アルプスラインを鬼無里方面へ約7・5㎞。33番札所の高山寺より北へ1・8㎞の場所に西照寺はあります。現在は、観音堂のみ見ることができます。観音堂からの見晴らしがよく、遠く北アルプスを望むことができます。

西照寺の歴史について、詳しい記録は残っていません。記録が残らなかったのは、この地域で頻繁に山崩れが発生したことも1つの原因です。善光寺地震の際にも崩落が起きたようで、堂宇《どうう》は地中に埋まってしまったようです。災害のたびに、地域の人びとの手で掘り出されました。観音堂には、本尊である聖観音をはじめ、13体の仏像が安置されています。２００６（平成18）年1月には、西照寺観音堂として小川村の有形文化財に指定されました。

たび重なる地すべりは、この地域に生活する人びとにとって大きな問題となっていました。この地すべりの原因には、この地域の地質が大きくかかわっています。小川村一帯には、約７００万年前以降に海底にたまった泥岩や砂岩の地層が分布しています。また北東にある虫倉山は海底火山から噴出してできた凝灰角礫岩《ぎょうかいかくれきがん》の地層からなっています。西照寺が位置する稲岡地区は、ちょうどこれらの岩石の変わり目付近にあたっており、地中に浸透した地下水の影響によって、地すべりが起きやすくなっています。

## 地すべり対策の石積みえん堤群

地すべりの対策として、稲岡東地区の薬師沢《やくしざわ》には、石積えん堤群がつくられました。このえん堤群は「薬師沢石張《いしばり》水路工《すいろこう》」と呼ばれており、国の登録有形文化財となっています。えん堤の工事は１８８６（明治19）年に始まり、石の切り出しから運搬、積み上げる作業まで人力でおこなわれました。薬師沢のほか、一帯を流れる滝の下沢、己《わ》り地沢、富吉沢、合わせて４つの沢に58基の石積みのえん堤がつく

薬師沢石張水路工 15 号石えん堤

られました。

えん堤に使われている石は安山岩で、直径30㎝から１ｍの大きさに切り出して積み上げられています。また積み上げたときに安定するように平らに寝かせて積めるような形の石を使っています。１９５３(昭和28)年までの間にも災害によって破壊され、24回の修繕工事を繰り返しています。１９７４(昭和49)年の融雪の際には大規模な地すべりが発生し、建物や田畑に大きな被害があり、石張水路の一部も埋没しました。そのため、現存しているのは28基です。最下流の富吉沢石張水路工は特に大きいものです。

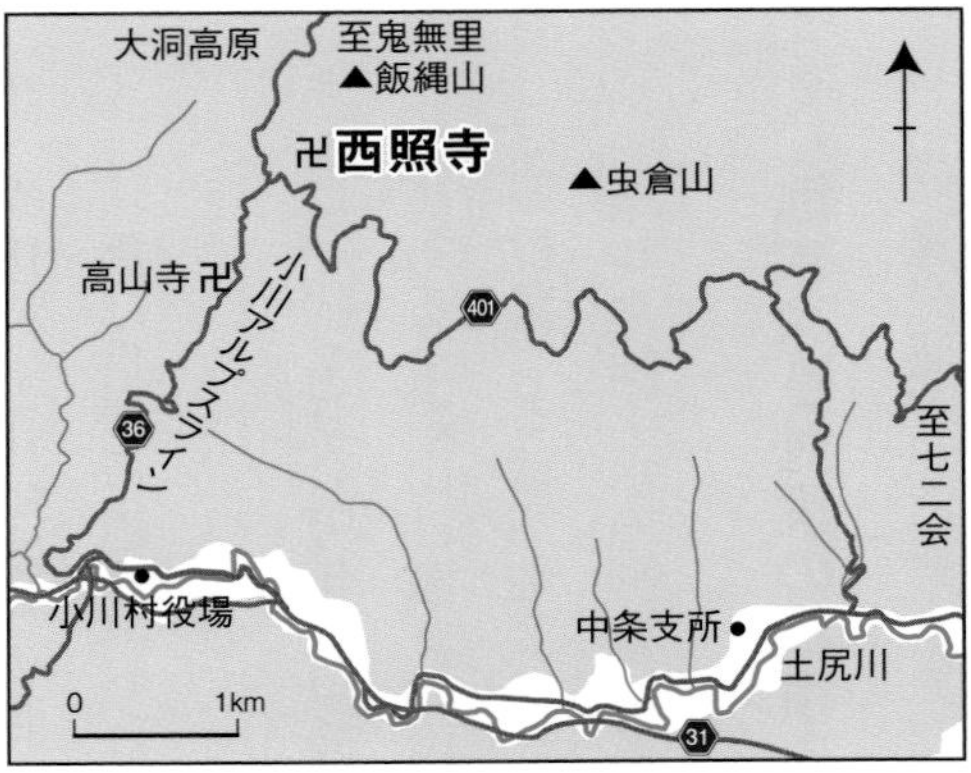

周辺図

県道４０１号小川長野線沿いにある味大豆《あじまめ》地すべり観測センターから、下流に向かって１３００ｍの間は、薬師沢石張水路工の石積みえん堤が見学できるように、散策道が整備されています。沢沿いには現在も田畑が広がっており、水路と田畑の様子を観察しながら歩くことができます。地域の人たちが地すべり災害への対策としてつくった水路には、さまざまな工夫がこらされています。周囲の自然も合わせて観察しながら、散策してみてはいかがでしょうか。〈関めぐみ〉

椿峰《つばみね》や 高き恵みは いかばかり
深き罪身《とがみ》も 浮かぶとぞ聞く

# 椿峰山 西照寺

ご本尊：聖観世音菩薩
宗　派：元真言宗
住　所：上水内郡小川村稲丘椿峰4031
連絡先：026(269)2568(高山寺)
朱印所：高山寺(33番)

開創は不詳であるが、もと真言宗の寺であり、33番札所高山寺の末寺となっている。西山地域から戸隠に向かう越後道(戸隠街道)にあり、江戸時代には松代藩の口留め番所が近くにあった。すでに江戸時代には無住となったようだが、付近には寺屋敷、大門などの地名があることから、それ以前は大きな寺だったと推測される。何度も山崩れなどの被害を受けているが、そのたび地域の人びとにより復興されている。観音堂には文殊菩薩《もんじゅぼさつ》などの13仏が安置されており、室町時代末期の作とされる。小さな椿峰の集落の人びとによってずっと守られ、親しまれてきた寺である。

**アクセス**

長野ICから長野市街地・白馬方面、小川村に進み60分。駐車場は境内下と裏手。

## 33番

# 宝珠山《ほうじゅさん》 高山寺《こうざんじ》

小川村

### 北アルプスのビューポイントに建つ三重塔

高山寺三重塔

高山寺は信濃三十三番札所の33番目にあたる寺で、すべての札所をまわって訪れる結願所になっています。808（大同3）年に坂上田村麻呂《さかのうえのたむらまろ》によって創建されたと伝えられる歴史ある寺です。

ひときわ目立つのが、境内に建つ三重塔です。この三重塔は、1195（建久6）年に源頼朝により建立されたと伝えられていますが、現在も見ることのできる塔は、江戸時代中期、元禄年間（1688〜1704）に木食山居上人《もくじきさんきょしょうにん》によって再建されたものです。当時、塔が老朽化したため、虫倉山の山中で修行中であった木食山居上人に勧進《かんじん》を願い、5年をかけて十数万人の喜捨《きしゃ》が集められ再建されたという記録が残っています。塔内には本尊として大日如来・阿弥陀如来・釈迦《しゃか》如来の如来三尊がまつられています。

1985（昭和60）年に三重塔は長野県宝に指定されました。境内《けいだい》にある観音堂の本尊の聖観世菩薩《しょうかんぜおんぼさつ》は秘仏で、年に一度、8月10日に御開帳がおこなわれます。観音堂の木食山居上人の手によってつくられた千体観音はいつでも拝観でき、その並んださまは拝観する人を圧倒します。小川村役場からおよそ6km、県道36号を鬼無里《きなさ》方面に車で15分ほど進んだ場所に、高山寺は位置しています。大洞高原に向かって、小川村を縦断するルートは小川アルプスラインとも呼ばれており、沿線では北アルプスや昔ながらの里山の風景を見ることができるビューポイントが何か所もあります。

高山寺の近くにもアルプス展望デッキやアルプス展望広場があり、北アルプスの雄大な景色を楽しむことができます。高山寺の境内からも西側へ目を向けると鹿島槍ヶ岳《かしまやりがたけ》をはじめとする北アルプスの山々を望むことができます。長野市中条の正法寺と同様、大峰面と呼ばれるなだらかな地形面に高山寺は建っています。

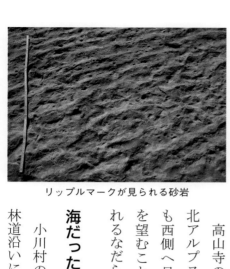

リップルマークが見られる砂岩

## 海だったことを示す波の模様

小川村の南部を西から東へ流れる土尻川《どじりがわ》やその支流の川、谷を走る林道沿いには大きな崖が露出している場所が多くありますが、こういった崖ではおよそ700万年前から300万年前に海の底に堆積した砂岩や泥岩を見ることができます。長野県中部から北部にかけての地域に分布する地層は、1931(昭和6)年に京都帝国大学の本間不二男氏によって『信濃中部地質誌』として初めてまとめられました。この地域の地層が分類され、それぞれの地域の名前から地層名がつけられました。小川村西部に分布する砂岩や泥岩を主とする地層は小川層と命名されました。崖をよく観察すると、海だったことを示すさまざまな証拠が隠れています。たとえば、漣痕《れんこん》(リップルマーク)と呼ばれる模様が残されている場所があります。これは、波の模様がかつての海底に保存されたものです。この模様から海の中で水がどのように動いていたのかを知ることができます。また海底に生息していた生きものの巣穴跡などが残っていることもあります。

　高山寺がある小川村東部に分布する地層は小川層よりも新しい時代の柵《しがらみ》層と呼ばれる地層です。この地層は貝をはじめ、サメの歯、クジラなどたくさんの化石が見つかることで有名です。さらに長野市中条の土尻川の支流からはミエゾウ(シンシュウゾウ)などの化石も見つかっています。これらは海だったところがしだいに浅くなり、陸地へと変わっていった様子を伝えています。

〈関めぐみ〉

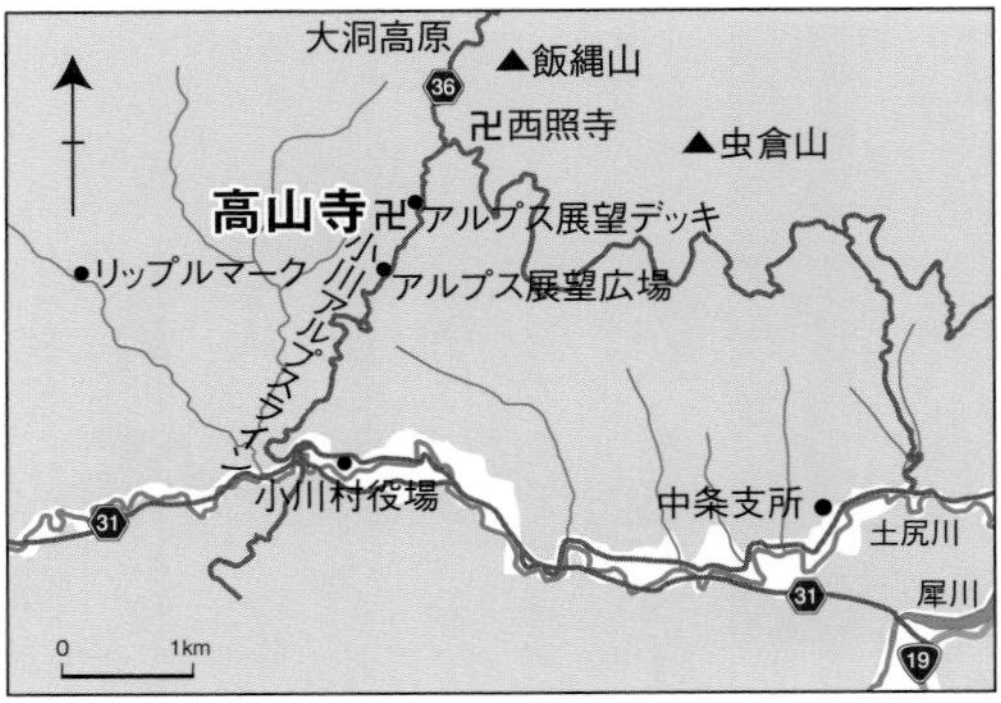

周辺図

高くとも 安く登れよ 寺坂《てらさか》を
九品浄土《くぼんじょうど》へ 参る身なれば

# 宝珠山 高山寺

ご本尊：聖観世音菩薩
宗　派：真言宗豊山派
住　所：上水内郡小川村稲丘７１１９
連絡先：０２６（２６９）２５６８
朱印所：寺務所

信濃三十三番札所の結願所で、北アルプスを望む展望の地にある。平安時代の８０８（大同3）年、坂上田村麻呂により創建され、１１９５（建久6）年に源頼朝が中興したとする由緒ある真言宗の古刹《こさつ》。かつては末寺18か寺、7堂伽藍《がらん》を擁したといい、現在でも近隣にあっては珍しく伽藍がそろっている。

観音堂は室町時代の様式を残した江戸中期の建物。三重塔は、１１９５年に源頼朝の建立と伝えられ、元禄年間には木食山居上人により再建され、寺のシンボルとなっている。本尊は秘仏で、雨乞いや火除けの観音様として知られる。そのまわりには阿弥陀如来や木食山居の作の千体観音などが並んでいる。

## アクセス

長野ICから長野市街地・白馬方面、小川村に進み50分。駐車場は境内横。

客番

# 北向山常楽寺《きたむきやまじょうらくじ》 北向観音堂《きたむきかんのんどう》

上田市

## 現世《げんぜ》の利益《りやく》をもたらす北向観音

北向観音堂遠景

北向観音は上田市別所温泉の中心にあり、二年参り・初詣には大変なにぎわいとなります。平安時代の825(天長2)年に円仁(慈覚大師《じかくだいし》)によって開創され、1721(享保6)年に現在の堂が再建されました。その名称は堂が北向きに建つことに由来します。また、善光寺が来世の利益、北向観音が現世の利益をもたらすということで善光寺のみの参拝では「片参り」になってしまうといわれています。境内には縁結びの霊木としてあがめられている、通称〃愛染カツラ〃の巨木(上田市指定天然記念物)があります。

北向観音へは温泉街の通りから階段を下り、小さな石橋を渡ります。橋の脇では龍の石像の口から温泉が吹き出し、湯の香りがほのかにただよいます。下の湯川をのぞいてみましょう。一定方向に割れ目が入り、表面がつるっとした固そうな岩石です。じつはこの岩石が温泉の〝熱源〟と関係が深いのです。

## 温泉の熱源となったマグマの貫入

上田から松本にかけての地域には、別所層(黒色泥岩)・青木層(砂岩や泥岩など)・小川層(礫《れき》岩や砂岩など)という順番に地層が重なっています。一番古い別所層(約1500万年前)は、別所温泉周辺で典型的に見られ、長野県中央部がまだ深い海だったころの堆積物です。泥岩は風化するとボロボロに崩れますが、新鮮な部分は層理面に沿って薄くはがれるように割れます。丹念に薄く割っていくと、たくさんの化石を見つけることができ、植物片や魚のうろこ・骨は、いにしえの世界に思いをはせる人の好奇心をかきたてます。

ほかにも別所層からはクジラ、シナノイルカ、サメの歯、ペッカムニシキ(二枚貝)などを産《さん》しています。また

魚骨化石(上)と魚鱗化石(下左)と玄能石(下右)

泥岩中に〝玄能石〟と呼ばれる両すい形の石灰質ノジュールを産することでも有名です。

さて、やがて東北信地域に広がっていた海も隆起し始め、海が北へと退いていきました。そのような海に堆積した地層が青木層や小川層です。小川層は礫岩や砂岩を主体とし、かなり海が浅くなったことを物語っています。そして長野県中央部から北部にかけ、地下から安山岩質のマグマの貫入が盛んに起こるようになりました。近くには「夫神岳《おがみ》」「女神岳《めがみ》」といった三角すいの山がありますが、貫入した岩石は硬いため侵食されにくく、それが残ったものです。

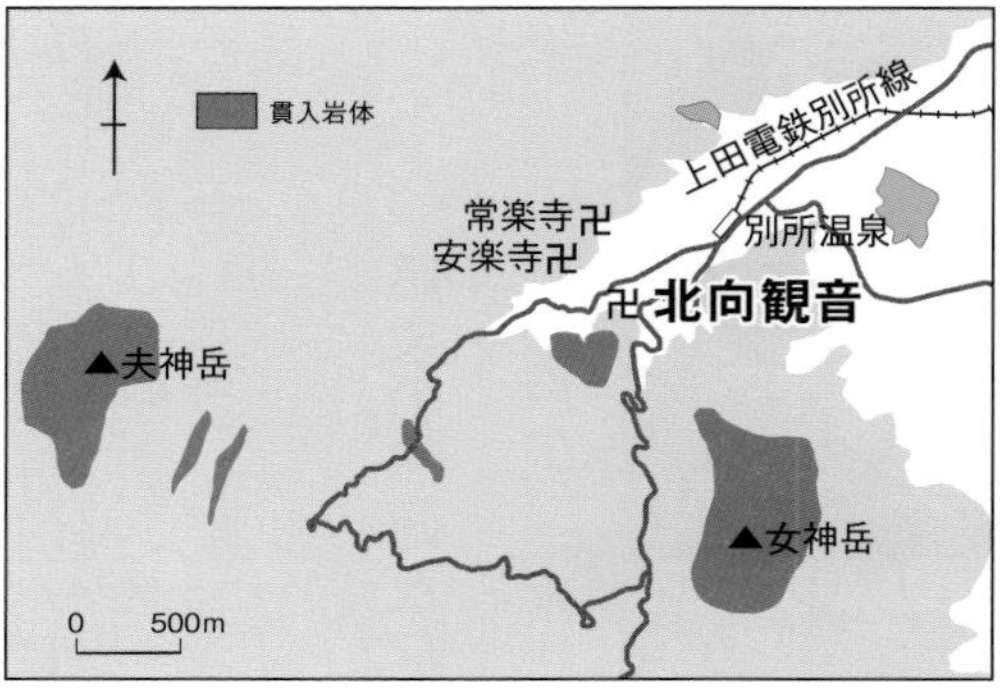

周辺図

またマグマの貫入があった地域は、現在の温泉の分布とよく重なります。つまり、温泉の熱は貫入した岩体の地下がまだ冷め切らないことを意味しています。北向観音入り口の湯川の川床で見られる安山岩の岩体は、別所層中に貫入したもので、それは観音堂の裏山をつくっています。また境内にある愛染カツラの巨木の前、護摩堂の建っているところでもこの岩体がむき出しているのを見ることができます。さらに観音堂の西の沢では、かつてこの岩体を切り出していた石切り場跡があり、切り出された岩は、このあたりの石垣に使われています。

〈小林和宏〉

いくばくの 人の心を 澄ますらん
北向山の 峰の松風

# 北向山常楽寺 北向観音堂

ご本尊：千手千眼観世音菩薩（通称・別所観音）
宗　派：天台宗
住　所：上田市別所温泉1656
連絡先：0268（38）2023
朱印所：寺務所

北向観音堂は、伝承によれば常楽寺の裏に紫煙《しえん》が噴出し異変が起きたので、朝廷から派遣された慈覚大師が事態を鎮めて堂宇《どうう》を建立したという伝承がある。この付近には長楽寺、常楽寺、安楽寺のいわゆる三楽寺があり、「信州の学海」と呼ばれ、仏教・学術の信州の中心地として栄えた。鎌倉時代の初め、2代目執権《しっけん》の子・北条重時が信濃守護に任じられ、塩田平に守護所が置かれたことから塩田平には鎌倉文化が色濃く根づき、いまでは「信州の鎌倉」といわれるようになった。

境内には芭蕉句碑、北原白秋歌碑などがあり、また常楽寺には重要文化財の石造多宝塔、近隣の前山寺には三重塔、安楽寺近くには山本宣治の碑などもある。

## アクセス

上田菅平ICから別所温泉方面に40分　駐車場は観光協会駐車場（有料）など。

客番

# 定額山《じょうがくざん》 善光寺《ぜんこうじ》

長野市

仲見世通りと仁王門

## 300年かけて整備された善光寺と境内

江戸時代に信濃三十三番札所ができたとき、すでに別格とされていた善光寺と常楽寺(北向観音)は客番扱いにされました。善光寺は「7世紀後半、本田善光が開基」とされており、史料では平安時代の10世紀中ごろに初めて名前が見られます。鎌倉時代には、一遍上人《いっぺんしょうにん》が立ち寄ったと絵詞伝《えことばでん》に記されるなど、しだいに有名なお寺になりました。戦国時代には、善光寺如来像が約40年も甲斐(山梨県)から京都まで全国を流転し、善光寺門前町はほとんど荒廃したといわれます。

その後もたび重なる火災に見舞われ、本堂が現在の位置に再建されたのは1707(宝永4)年のことでした。それまで仲見世通りにあった本堂が現在の位置に移動されたのは、門前町からの火災を避けるためとのことです。したがって現在の善光寺境内は、宝永の再建以降に整備されたものです。

## 地元の安山岩を利用

1713（正徳3）年と翌年には、参道の敷石が寄進されました。これらの工事にあたっては、近くの西長野・郷路山《ごうろやま》から郷路石が盛んに切り出されるようになりました。郷路石は、やや柴色がかった灰色で、小さな黒色の角閃石《かくせんせき》や輝石《きせき》が点々と含まれています。寺域の入り口（二天門跡）から本堂に続く参道敷石や通り沿いにある多くの常夜灯などに、紫灰色の郷路石が多く見られます。参道もよく見ると、ところどころやや明るい灰色の髻石《もとどりいし》で補修されています。髻石は長野市と飯綱町の境の髻山にある安山岩で、これも数mmの角閃石などが含まれています。この石は細かい細工に適していたようで、中野市や長野市付近の六地蔵などの石仏にも多く使われています。郷路石と髻石はどち

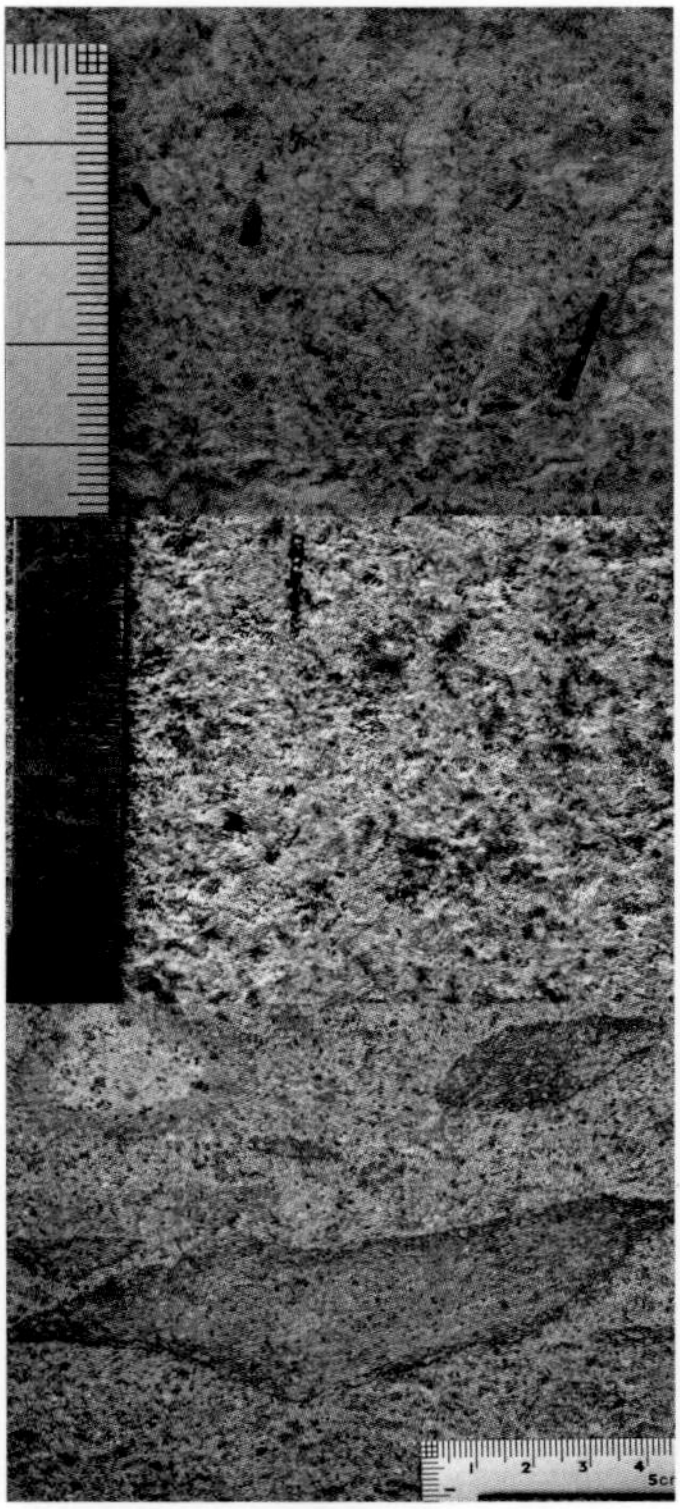

郷路石（上）、髻石（中）、柴石（下）

らも新第三紀の地層の中に地下からもぐり込んだ（貫入した）溶岩が固まった安山岩です。

最近では、どちらの石材もとれなくなり、かわって長野市松代の金井山でとれる柴石《しばいし》がもっぱら使用されるようになりました。大小さまざまなぶち模様が特徴の柴石は、長野市内で現在でも採掘されている建築石材です。柴石は灰色の溶結凝灰岩《ようけつぎょうかいがん》で、高温の火砕流がたまり、中に含まれていた軽石が、自重と高温で溶けてつぶれた状態で固まったので、断面で見ると軽石がレンズ状になっているのが特徴です。近代になると、鉄道により国内各地の石材が運ばれてくるようになり、大正、昭和期の建物基礎や石造物に白色の花こう岩が使用されていますが、最近ではさまざまな色をした外国産の石材が入るようになりました。善光寺とその界隈《かいわい》は、江戸時代からのいろいろな石材がよく見られます。善光寺さんのお参りのついでに、足元の石を眺めるのはいかがでしょうか。

〈中村由克〉

## 湯福川《ゆふくがわ》の扇状地に建つ善光寺

善光寺は長野盆地の北西の縁、往生地《おうじょうじ》の台地と城山の丘陵との間に建てられています。台地と丘にはさまれた境内付近は標高４０５ｍ前後の比較的平坦な地形ですが、北側には旧地名で深田町と呼ばれた低湿地が広がり、境内の南側には南東に傾くゆるやかな斜面が広がり、この斜面に南北方向の参道がつくられています。善光寺への参道は、権堂町入り口付近から北への上り坂となり９００ｍほど上ると本堂に至ります。門前町はこのゆるく南に傾く斜面の上に発達しました。

この善光寺およびその門前町が広がるゆるやかな斜面は、盆地北西山地の大峰山《おおみねさん》と葛山《かつらやま》との間から流れ出す湯福川が運んだ土砂がつくった扇状地の面です。湯福川は往生地の台地の東縁を浸食し、長野西高校の南を扇状地の頂部とし、南は県町・権堂町、南東側は長野電鉄善光寺下駅を扇端部とする比較的小規模な扇状地を形成しています。

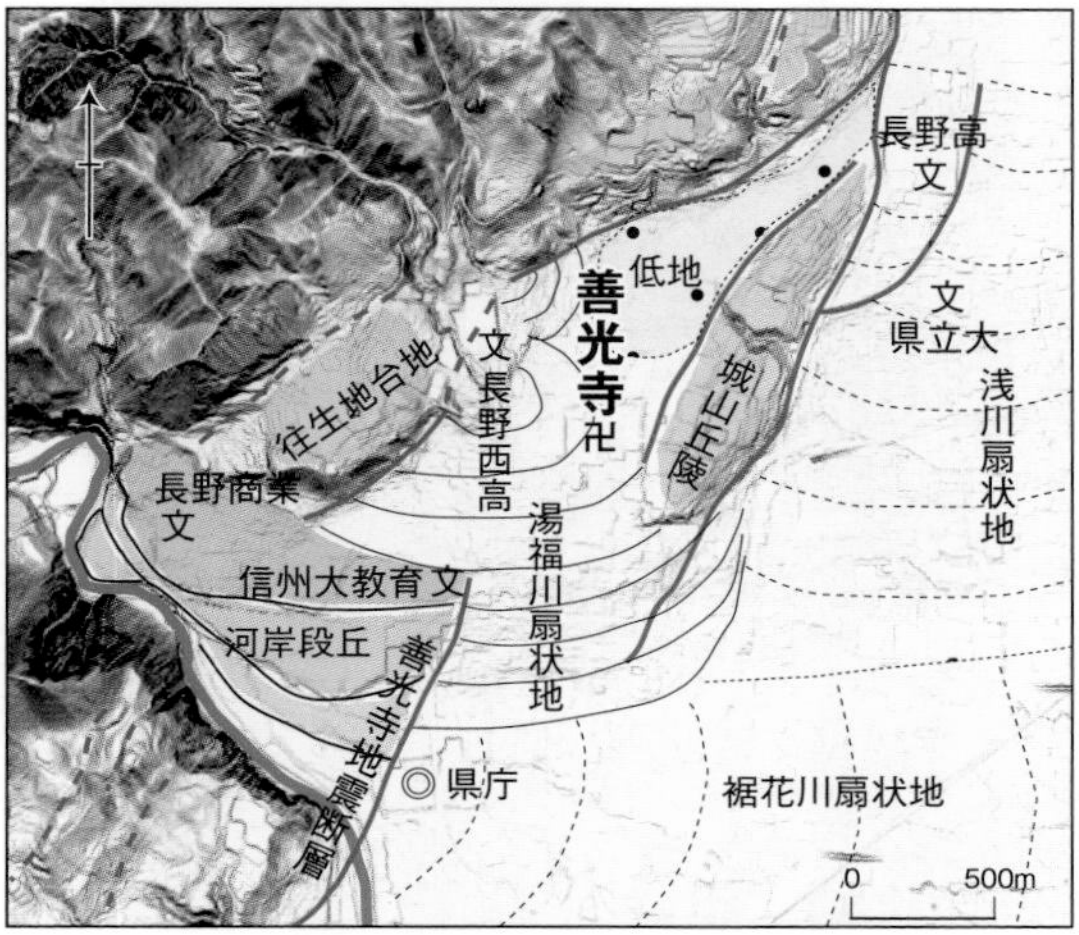

善光寺周辺の地形と活断層

## 往生地の台地と城山丘陵

往生地の台地は、標高４５０～４７０ｍで南部と北部とで地形や地質が異なっています。南部は浄水場を中心に平坦な地形が広がり、その南縁および南東縁には急崖《きゅうがい》が見られます。この急崖の下部には新第三紀層の裾花凝灰岩層《すそばなぎょうかいがん》が分布し、その上位には盆地が湖だった時代の豊野層や古い裾花川の河川堆積物が覆っています。一方、北部は往生寺から南東へ傾く斜面が広がり、この斜面は斜面崩壊の堆積物で覆われています。城山の丘陵は、東縁に急崖が連続し、城山公民館から城山動物園にかけて標高410〜415mの平坦な地形が広がっています。丘陵の基盤には褶曲《しゅうきょく》する豊野層が分布し、かつては丘陵を横切る堀切沢によく露出していました。丘陵の上部には裾花凝灰岩の角礫《かくれき》からなる崩壊堆積物や河川が運んだ砂礫層が覆っています。

## 地下の地盤が影響した善光寺地震

善光寺付近の地下の詳しい地質資料はありませんが、地表部には湯福川の扇状地堆積物、その下位には裾花凝灰岩の角礫からなる崩壊堆積物が覆い、その下には豊野層が分布し、さらに下位には裾花凝灰岩層が分布していると推定されます。つまり善光寺の東西の台地や丘陵の地質を見ると、かつては連続した地形で類似の地質であったと考えられます。雲上殿の南側には、上松3丁目から山の神温泉にかけて急崖が連続し、低地との境に活断層が走ります。さらに往生地の台地南東縁の狐池《きつねいけ》から西長野にかけても活断層が走ります。一方、城山丘陵の西側縁には上松2丁目から城山小学校の西に向けて活断層が走ります。これらの断層にはさまれた部分が陥没し地溝(凹地《くぼち》)を形成しました。この凹地を埋積した湯福川の扇状地堆積物の上に善光寺が建てられています。〈赤羽貞幸〉

神城断層地震で倒れた石灯籠

身はここに　心は信濃の　善光寺
導き給へ　弥陀の浄土へ

© 善光寺

# 定額山 善光寺

ご本尊：一光三尊阿弥陀如来
宗　派：無宗派
住　所：長野市元善町４９１
連絡先：０２６（２３４）３５９１
朱印所：本堂前御朱印所・本堂内御朱印所

善光寺は全国の観音札所巡礼満願、お礼参りの寺といわれている。善光寺へ行けば亡くなった縁者に会えるという伝承は、江戸時代の紀行文にも多く登場するなど、そのころには庶民にも善光寺参りが全国に広まり、信濃に通じる道は、善光寺道と呼ばれるようになった。

善光寺には大勧進（天台宗）と大本願（浄土宗）の2大寺があり、さらに25の院と14の坊からなる。本堂には百済《くだら》から朝廷に献じられた日本最初の仏像という伝説がある秘仏の一光三尊阿弥陀如来が安置され、数え年で7年目ごとに前立本尊の御開帳がある。

## アクセス

長野ICから長野市街地方面に30分。駐車場（有料）は寺周辺に多数。

# 観音霊場と地学

信州大学名誉教授　塚原弘昭

2011（平成23）年から9年の間に、信濃三十三番観音札所めぐりを2巡体験しました。2巡とも、バスの日帰りの巡礼旅で、それぞれ5回ほどで満願しました。多くの参加者が、周辺の風物の散策、その地域の食品、土産品の買い物など、観音参拝以外のことも楽しみました。寺の住職と同時に地学団体研究会の会員でもありましたので、札所が崖の上にあったり、急な坂道の先にあったり、活断層が参道を横切っていたりするのを見て、「札所周辺の地学の解説があると、札所めぐりに楽しみが1つ増えるのではないか」、また「地学になじみのなかった方々に、地学の楽しみ方も伝えられるのではないか」と感じました。

信濃三十三番札所連合会事務局長の岡澤慶澄長谷寺住職は、「地質や地形が周囲と違って特異だからこそ、観音信仰者はそこに『自然の力やエネルギーが顔を出している』と直感し、それを観音様として拝したのだ」と述べています。観音堂が地学的に特異な場所に建てられていると感じた直感は偶然ではなかったのです。

御朱印帳

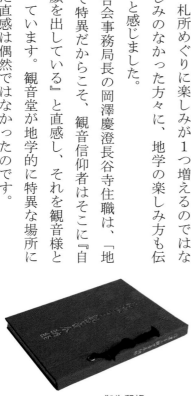

## 巡礼、霊場めぐり、札打ち

寺や神社をいくつかめぐってお参りすることを「巡礼」といいます。巡礼するところを霊験あらたかな神聖な場所と考えて、「霊場（霊所）」ともいいます。また、お参りをした証しとして、寺社の壁や柱に、木や紙の巡礼札を打ち付ける習慣がありましたので、霊場を「札所」、巡礼を「札打ち」ということもあります。

## 観音札所巡礼

信濃三十三番札所は江戸時代の初期に整えられました。全国には長い歴史のある観音巡礼コースが知られています。特に次の３つはその代表です。西国三十三所観音霊場めぐり（兵庫県～岐阜県内）、坂東三十三観音霊場めぐり（関東全域）、秩父三十四か所観音霊場めぐり（埼玉県秩父地方）です。秩父は発足当初33でしたが、西国、坂東、秩父を合わせてちょうど１００になるように、１つ増やして34にしました。34番目の寺は、日本総納め札所と名づけ、秩父の札所めぐりを宣伝しました。秩父には知恵者がいたのです。

本来33である理由は、観音様（観世音、観自在菩薩《ぼさつ》の略愛称）は、人の悩みの数に合わせて、33に変化《へんげ》して救ったと法華経《ほけきょう》に書いてあるからです。たしかに、千手観音、馬頭観音、十一面観音など姿は異なりますが、すべて観音様の仲間です。しかし、札所の33の観音様がそれぞれ異なった観音様ではありません。たとえば、信濃三十三番札所では、聖《しょう》観音(通常の観音の姿をした観音)11、十一面観音9、千手観音9、馬頭観音4か所です。それぞれの寺院や観音堂の創建が先にあり、33の札所のグループはその後で整えられたからです。当時の交通条件、寺院の歴史、住職の思い、などによって33が選ばれました。さらに、善光寺と上田市別所温泉の北向《きたむき》観音は、客番となっています。善光寺は全国の札所巡礼の満願お礼参りの寺でもあります。

観音信仰は、この世で生きている間にご利益《りやく》が得られるという「現世《げんぜ》利益」の信仰なので、観音札所めぐりは人気があります。

## 参拝の作法

1 仁王門や山門などの入り口で手を合わせ一礼します。

2 手水場《ちょうずば》で手と口を清めます。

3 鐘楼《しょうろう》があれば、鐘を2回つきます。

4 観音堂前に鰐口《わにぐち》があれば1回鳴らします。

5 願いごと、氏名、参拝年月日などを書いた納め札を観音堂前の箱に納めます。

6　お賽銭《さいせん》をあげ、お経を読みお参りします。知っているお経がなければ、手を合わせてお参りするだけでも結構です。これを納経といいます。
7　納経所に行き、納経金（２０１９年現在３００円）を納めるとご朱印がいただけます。
8　観音様に合掌一礼して寺を出ます。

## ご詠歌

それぞれの札所には、その札所を表現した五・七・五・七・七の和歌があります。それに独特の節回しのメロディをつけて歌うのが「ご詠歌」です。メロディは数種類に限られ、単語の切れ目が3字目にくるか、４字目にくるかなどによって選択され歌われます。ご詠歌を参拝地で唱えることは、巡礼者にとっては大切なことです。観音巡礼のご詠歌は、西国三十三番観音巡礼で十世紀ごろから始まったとされます。

服装は、普段着の上に袖なしの白衣（笈摺《おいずる》）と輪袈裟《わげさ》をつけ、笈摺の背中には南無観世音菩薩と染められているのが一般的です。

ご詠歌

寄稿

# 長野市民新聞連載「長野の大地」を読んで

信濃三十三番札所連合会事務局長・18番長谷寺住職　岡澤慶澄

信濃三十三観音の寺々を、地学団体研究会長野支部会員の皆様のガイドでめぐるという、テレビ番組「ブラタモリ」もビックリのユニークな「地学巡礼」も、足かけ3年の旅を終え、つえを納め満願となりました。会員の方々は、それぞれ地学の碩学《せきがく》の皆様で、豊富な知識と経験に基づいて、ひとつひとつの札所寺院がどんな自然環境の地に建っているのか、とてもわかりやすく解き明かしてくださり、読者の皆様も毎回楽しみにされたことでしょう。

それにしても、地学の世界はスケールが大きく、１０００年などは短いほうで、何万年、何千万年、時には何億年というような時間のまなざしには驚くばかりでした。それればかりではありません。信州の山岳寺院の境内が、大昔は海の底だったという不思議。流れ下る観音様の滝の岩肌が、３００万年前に噴出したマグマが冷えて固まったものという驚き。霊場の中の美しい湖が、何十万年の間、１０００年ごとに繰り返されてきた活断層の活動によって生まれた神秘。そんな不思議や驚きや神秘が、じつはいまなお私たちの目の前にあらわれているという事実もまた、今回の連載を通じて知ることができました。きっと、執筆された方々は、そんな大地の不思議や驚きや神秘に感激し、その謎に魅入られて研究者になってしまったのでしょう。

思えば、札所寺院のような「霊場」を開創した人びともまた、地学の研究者の方々と同じように、峨々《がが》たる岩山や、枯れることなく湧きいずる泉や、流れ下る滝に、人一倍の不思議や驚きや神秘を感じ、魅入られてしまったのでしょう。その特別な景観や地形に、通常には秘められている自然の力や大地のエネルギーや、世界の秘密が「顔を出している」と考えたのかもしれません。彼らは、地学の研究者の方々もきっとそうするように、その場所におもむき、その場所をじっと観察し、聞き、嗅《か》ぎ、味わい、触り、感じ、この世界の秘密を解き明かそうと試みたのでしょう。その試みは、仏法という叡智《えいち》によって深まり、いにしえの探究者たちは、崖や滝、巨大岩石などを出現させた自然の力や大地のエネルギーに、いのちを育み生かす慈愛の力を感じ取ったのでしょう。そんな大地(世界)の慈愛の力を感じ取れる場所に、その「慈愛」そのものである観音様をまつったのだと思います。

観音様は、大地の力、そしていのちを生かす働きそのものとして信仰され、修行者たちは、そんな観音様の山に入り、そこで観音様と一体になる修行をしました。同時にそれは、生まれ、生き、死んでいく意味を問うてやまない人間の謎の探究でもあったことでしょう。

地学の専門家の方々の素晴らしいガイドによって、私たちは観音様への祈りの霊場について、新しい魅力をたくさん知ることができました。科学と宗教は、アプローチは違っても、私たちの生きている大地や世界の神秘に触れたいとする出発点は共通であると感じました。地学団体研究会長野支部の執筆者の方々、本当にありがとうございました。

## 広域MAP

### 飯山市

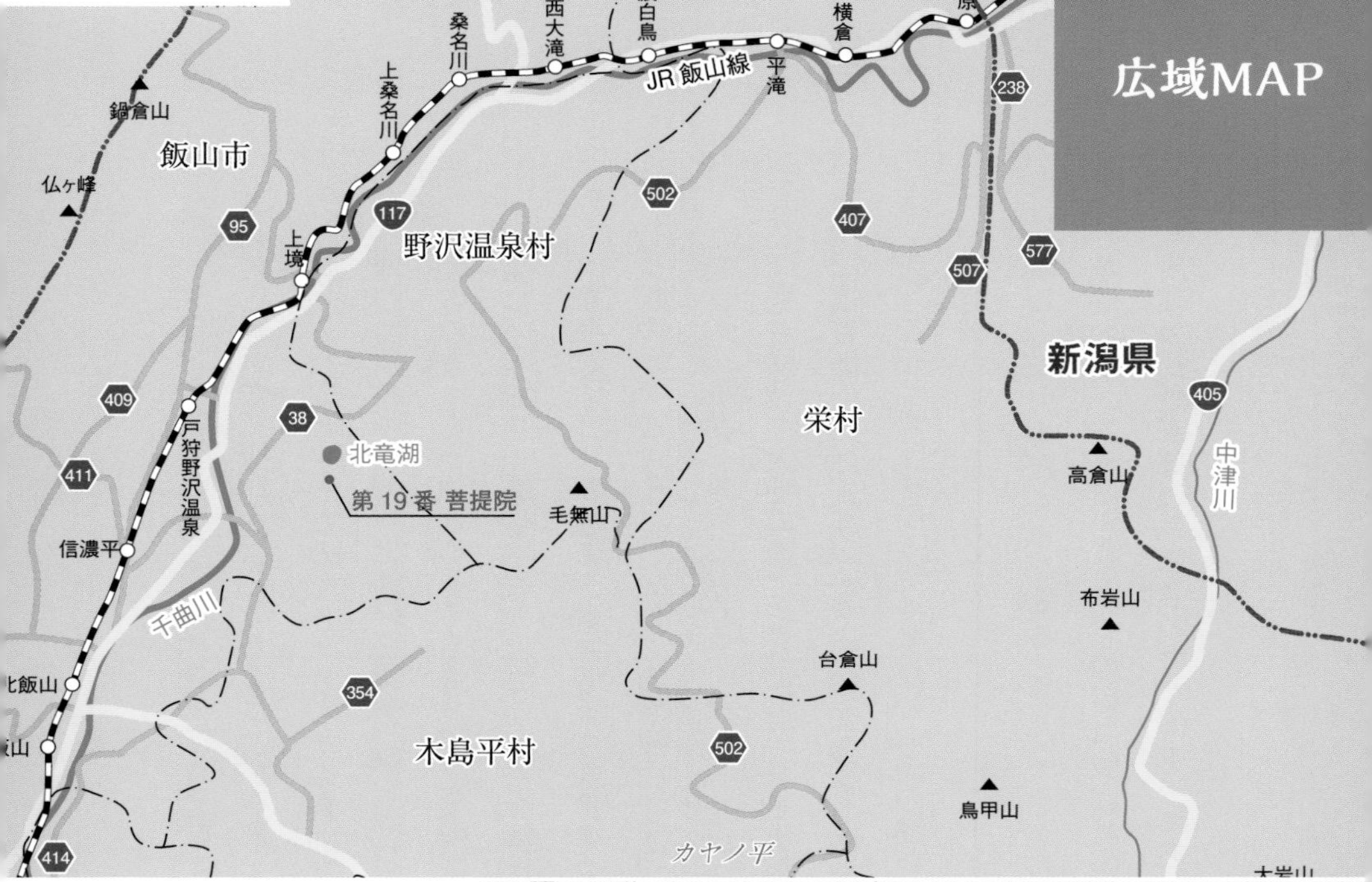


### 小川村・長野市中条

## 長野市・須坂市

新潟県
飯山市
信濃町IC
野尻湖
斑尾山
黒姫
黒姫山
高妻山
信濃町
上信越道
豊田飯山 IC
古間
飯綱町
中野市
しなの鉄道北しなの線
戸隠山
牟礼
替佐
上今井
信州中野IC
飯縄山
戸隠
髻山
立ヶ花
豊野
三登山
小布施町
小布施
大座法師池
三才
北須坂
信濃吉田
長野電鉄線
裾花川
客番 善光寺
善光寺下
本郷
朝陽
柳原
北長野
村山
日野
須坂
第12番 無常院
旭山
権堂
千曲川
長野
長野市
須坂市
第8番 西明寺
安茂里
須坂長野東IC
第30番 正法寺
犀川
川中島
第9番 蓑堂
第21番 常光寺
妙徳山
今井
長野新幹線
第10番 高顕寺
新町
第16番 清水寺
長野IC
篠ノ井
奇妙山
松代
更埴IC
皆神山
第11番 明真寺
稲荷山
第18番 長谷寺
第4番 風雲庵
JR篠ノ井線
第7番 桑台院
長野道
第5番 妙音寺
保基谷岳
屋代
第13番 開眼寺
第6番 観龍寺
千曲市
菅平高原
千曲
しなの鉄道線
上信越道
鏡台山
姨捨
第14番 長楽寺
戸倉

# 松本市・安曇野市・麻績村・筑北村

## 上田市・小諸市

## 伊那市

## 諏訪市

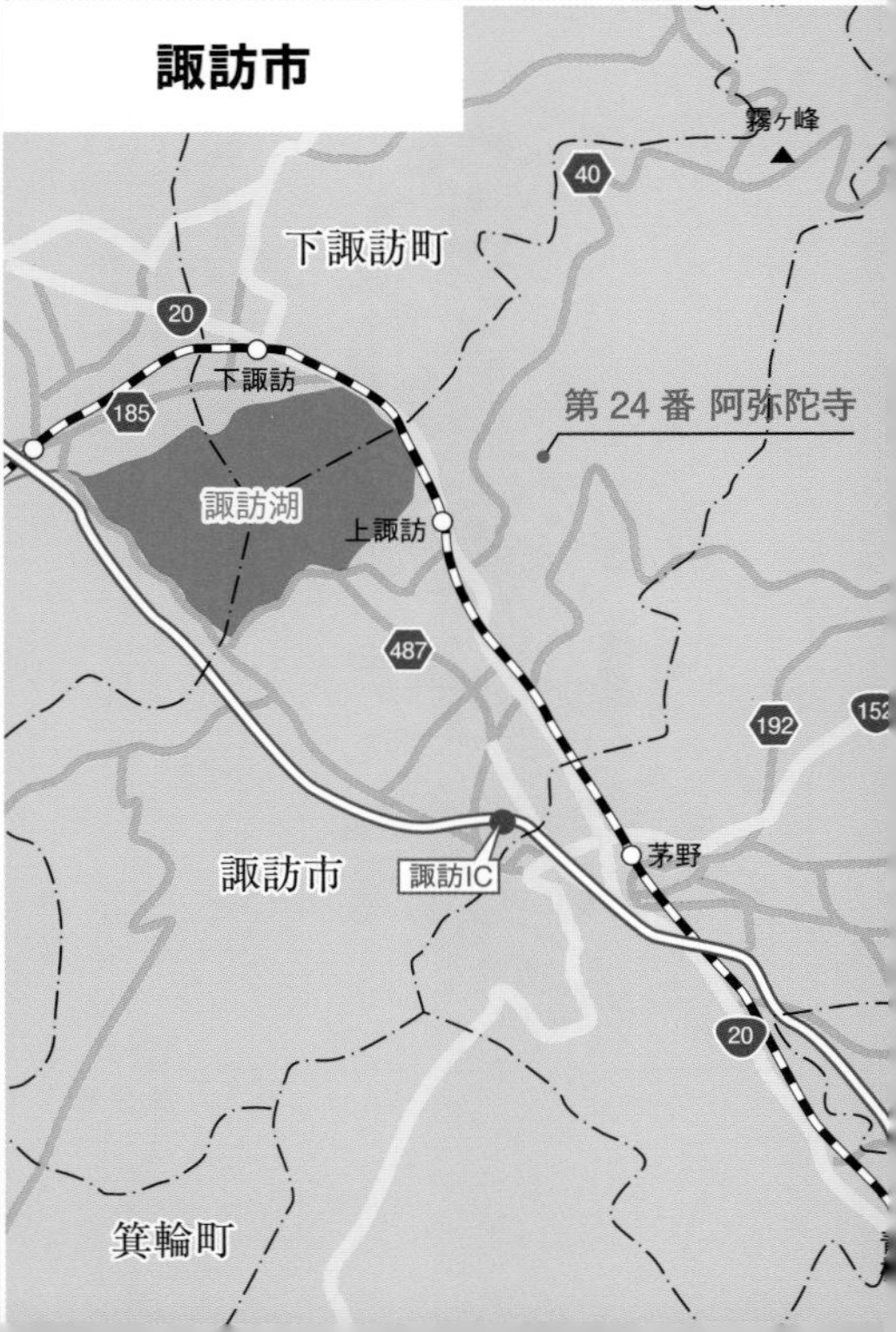

# 信濃三十三観音奉納経

信濃三十三番札所の寺院には、無住や他の仕事と兼務している寺院が多くあります。また、ご朱印所受付が個人宅のところもあり、年により変更になる場合があります。ご朱印を希望する場合は、事前に連絡することをおすすめします。

第１番

第２番

第３番

第４番

第５番

第６番

第７番

第８番

第９番

第10番

第11番

第12番

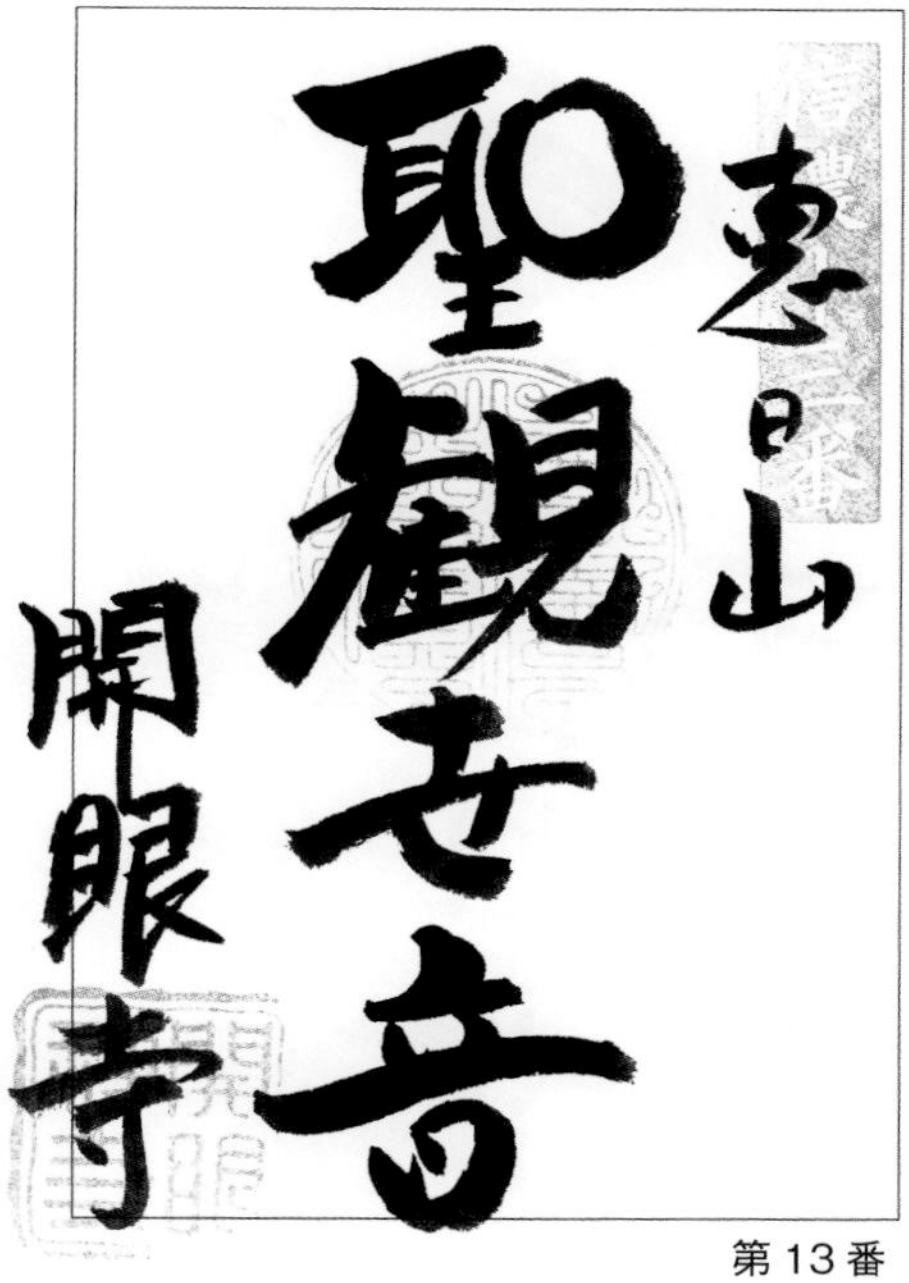

第13番

第14番

第15番

第16番

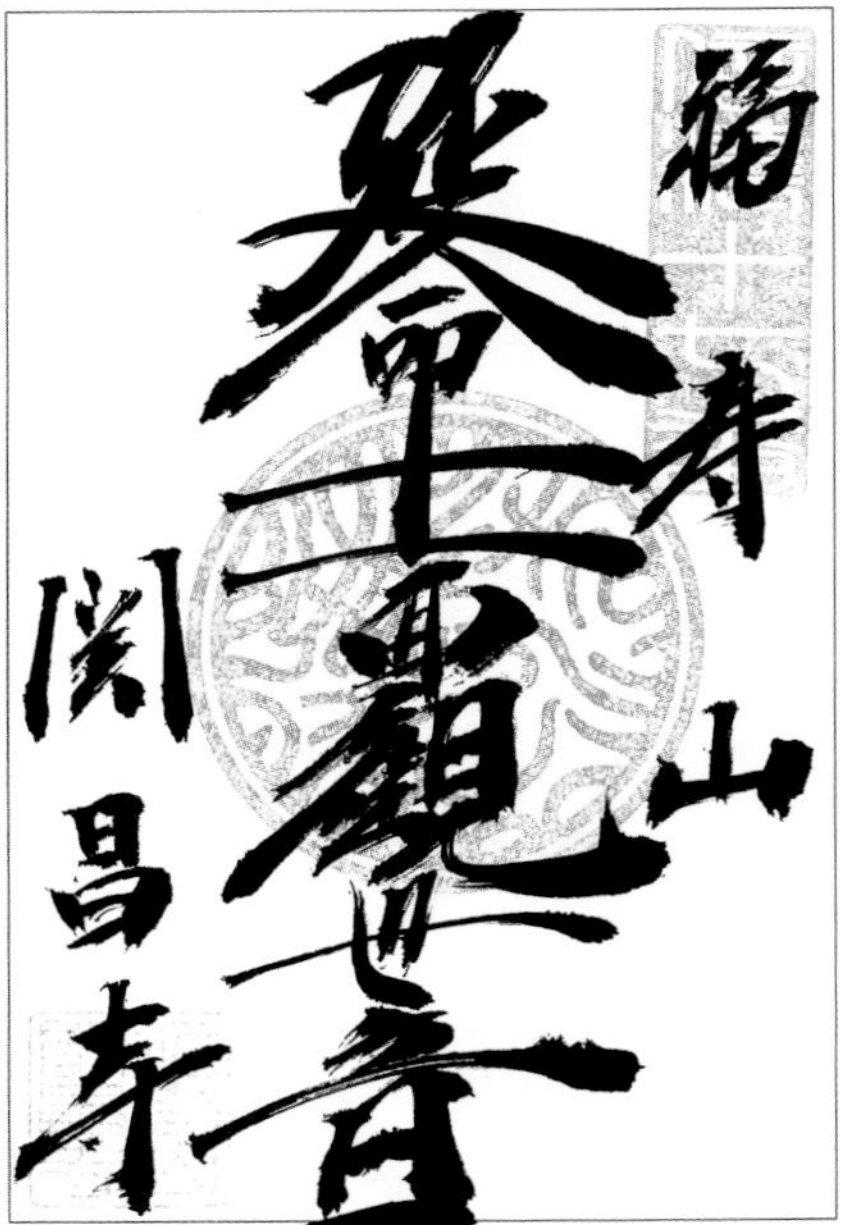

第17番

第18番

第19番

第20番

第21番

第22番

第23番

第24番

第25番

第26番

第27番

第28番

第29番

第30番

第31番

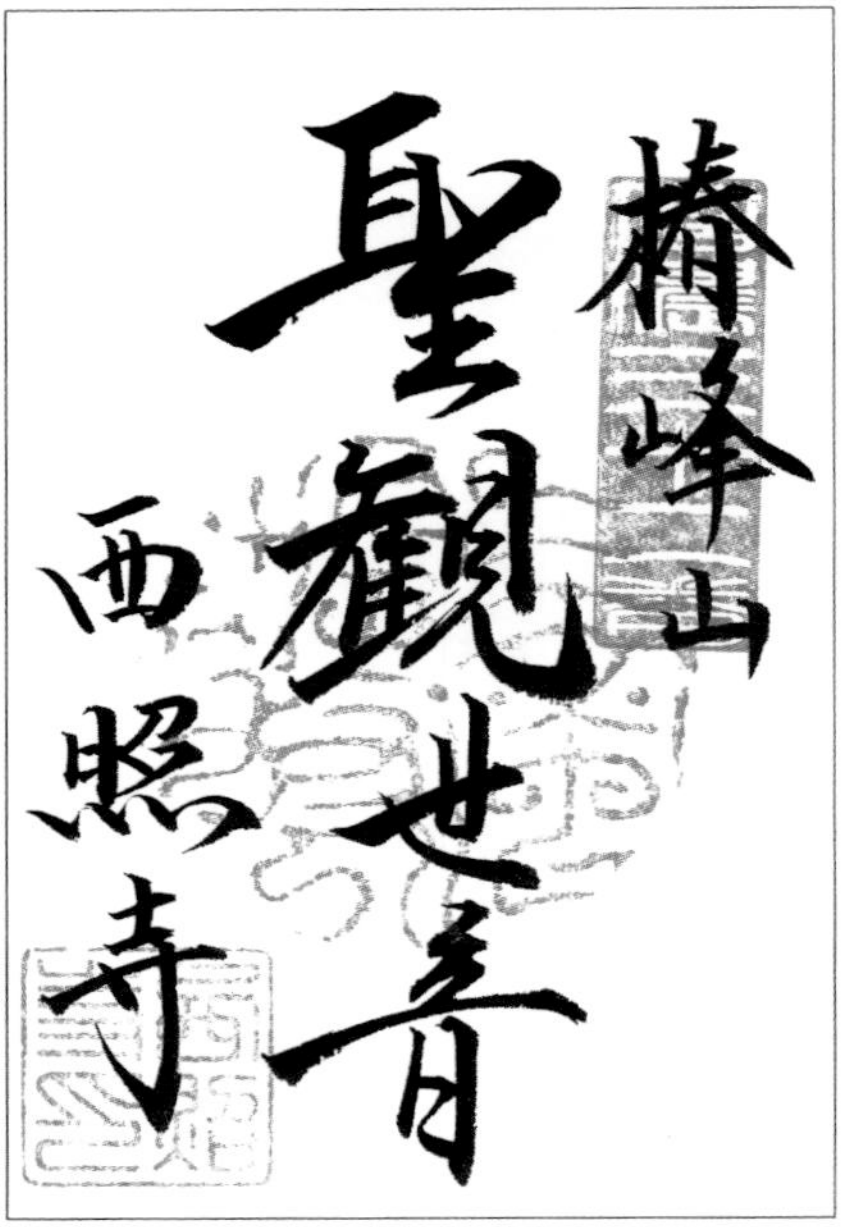


第 32 番

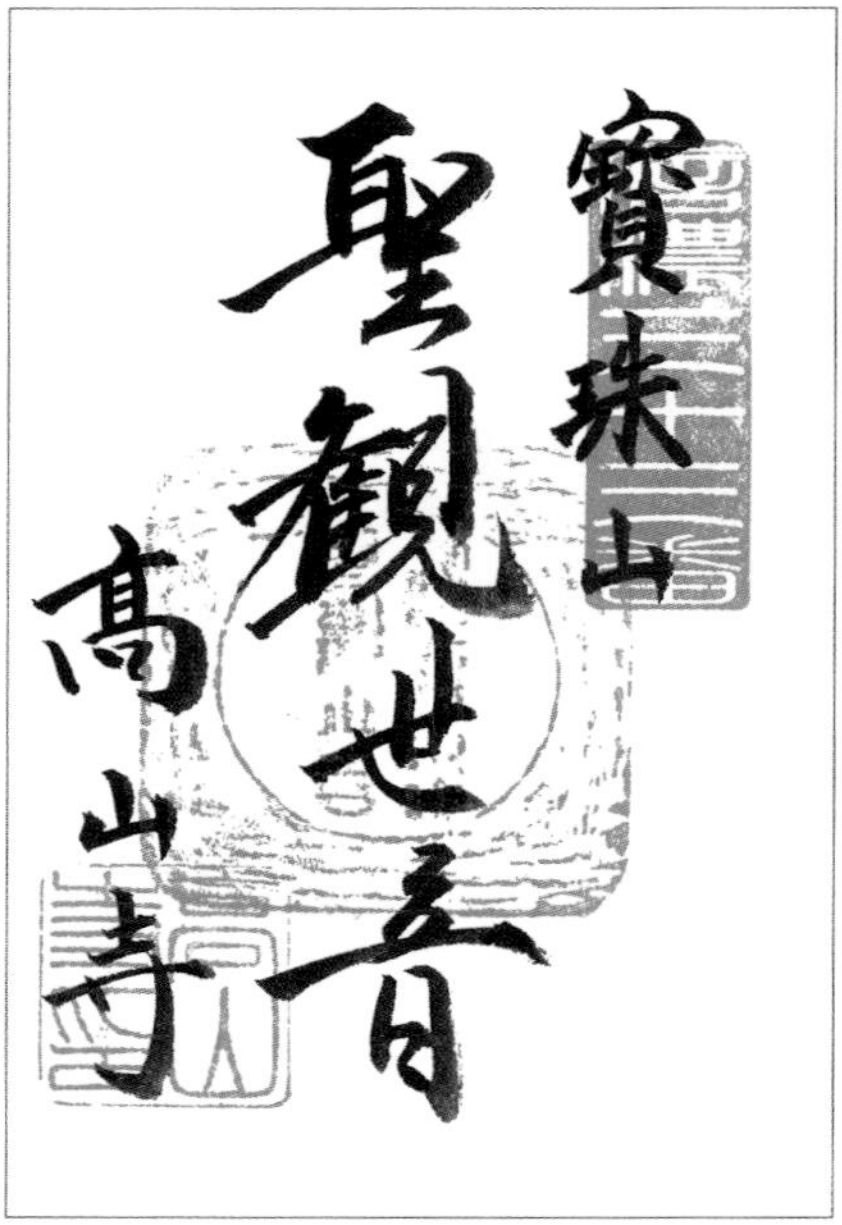


第 33 番

客番

客番

## 引用参考文献

本書の刊行にあたって、特に各寺の寺紹介項目の執筆にあたっては、左記の2冊を引用参考させていただきました。

『観音様だいすき 信濃三十三番札所みちを歩く』（信濃三十三番札所連合会監修、信濃毎日新聞社、２００８年）
『信濃三十三番札所めぐり』（柿木憲二・関　保男著、郷土出版社、１９９７年）

## 地学団体研究会長野支部関連出版物

### 長野の大地シリーズ（地学団体研究会長野支部「長野の大地」編集委員会編、長野市民新聞社編集協力）

『長野の大地・見どころ１００選』（ほおずき書籍、２００４年）
『長野の大地・やさしい地学小事典』（ほおずき書籍、２０１２年）
『長野の大地・地学歳時記 ＣＤ版』（長野市民新聞社、２０１７年）

# あとがき

「信濃三十三番札所・地学案内」は、長野市民新聞の連載中に、読者の皆様から大変多くの好意的な反響をいただきました。うれしく思ったと同時に、現在、信濃三十三番札所の案内書が手に入らないことも知りました。そこで、新聞の連載記事をもとに単行本として出版することになりました。

「長野の大地」シリーズの4番目となった今回の連載では、三十三観音がまつられた土地の地質とそれができた歴史を知ると、地質的にも地形的にも特異な場所に観音様がまつられていることが多いことに気づかされました。

執筆を担当した地学団体研究会(地団研)は、地学を専攻する人たちの自主的な集まりです。大学、学校、博物館、行政機関、コンサルタント会社などのそれぞれの仕事の合間に、野外観察会を主とした「長野の大地セミナー」を年に数回開催し、また地震や台風災害などの調査研究をやりながら、この連載や出版事業を進めてきました。

各寺院の周辺に限った、狭い範囲の地質や地形を、正確にわかりやすく解説するには、その地域周辺で調査研究経験のある研究者が最適です。このシリーズでは、地団研長野支部の会員が手分けをして分担し、再調査も含め勉強し直してまとめ上げました。その原稿を月1回の会議やメールで回覧し、ほかの会員が遠慮なく意見を述べる、という地団研ならではの方式を採用しました。その結果、多少なりともわかりやすい「地学案内」になったのではないかと思います。

普段は自然科学を学ぶ私たちが、不慣れな寺院や歴史について書いたものですので、間違いや不十分なところもあるかもしれません。本書についてお気づきのことがありましたら、お知らせいただければ幸いです。

地学団体研究会長野支部 長野の大地編集委員会

# 編集委員会・監修・執筆者一覧

**編集**
地学団体研究会長野支部　長野の大地編集委員会

**監修**
塚原弘昭（信州大学名誉教授・明徳寺住職）

**編集責任**
中村由克（下仁田町自然史館・明治大学黒耀石研究センター）

**編集委員会・執筆者**
赤羽貞幸（信州大学名誉教授）
加藤真影（日本綜合建設）
小林和宏（上田高校）
近藤洋一（野尻湖ナウマンゾウ博物館）
塩野敏昭（地質コンサルタント）
関めぐみ（野尻湖ナウマンゾウ博物館）
竹下欣宏（信州大学教育学部）
田辺智隆（戸隠地質化石博物館）
塚原弘昭（信州大学名誉教授）
寺尾真純（岩村田高校）
富樫　均（いいづな歴史ふれあい館）
中川知津子（長野高校）
中村由克（下仁田町自然史館）
長谷川桂子（長野県埋蔵文化財センター）
花岡邦明（地学団体研究会長野支部）

**編集協力**
長野市民新聞社

※岡澤慶澄様（信濃三十三番札所連合会事務局長、長谷寺住職）には、新聞連載、本書の編集で多大なご協力・ご助言をいただきました。


**編集委員会連絡先**
〒 389-1313 長野県上水内郡信濃町古間 987 － 1
中村由克　naka-m@opal.plala.or.jp

**地学団体研究会長野支部**
〒 380-8544 長野市西長野 6 －ロ 信州大学教育学部理科教育講座
竹下欣宏研究室気付

**地学でめぐる 信濃三十三番札所**
2020年2月4日　初版発行
2024年7月17日　2刷発行

編　集　地学団体研究会長野支部　長野の大地編集委員会
発行者　林　佳孝　発行所　株式会社しなのき書房
〒381-2206 長野県長野市青木島町綱島490-1
TEL026-284-7007 FAX026-284-7779

印刷・製本／大日本法令印刷株式会社

　ISBN 978-4-903002-61-3